湖北经济学院经管系列学术文库

CHENGZHEN JUMIN
SHENGXIAN SHUCAI XIAOFEI XINGWEI YANJIU

城镇居民
生鲜蔬菜消费行为研究

◎ 陈金波／著

中国财经出版传媒集团
经济科学出版社
Economic Science Press

图书在版编目（CIP）数据

城镇居民生鲜蔬菜消费行为研究/陈金波著.
—北京：经济科学出版社，2017.5
（湖北经济学院经管系列学术文库）
ISBN 978-7-5141-8141-8

Ⅰ.①城… Ⅱ.①陈… Ⅲ.①蔬菜市场-消费者行为论-研究-中国 Ⅳ.①F323.7②F713.55

中国版本图书馆 CIP 数据核字（2017）第 141397 号

责任编辑：王柳松
责任校对：刘　昕
版式设计：齐　杰
责任印制：邱　天

城镇居民生鲜蔬菜消费行为研究

陈金波　著
经济科学出版社出版、发行　新华书店经销
社址：北京市海淀区阜成路甲 28 号　邮编：100142
总编部电话：010-88191217　发行部电话：010-88191522
网址：www.esp.com.cn
电子邮件：esp@esp.com.cn
天猫网店：经济科学出版社旗舰店
网址：http://jjkxcbs.tmall.com
北京季蜂印刷有限公司印装
880×1230　32 开　7 印张　210000 字
2017 年 5 月第 1 版　2017 年 5 月第 1 次印刷
ISBN 978-7-5141-5141-8141-8　定价：36.00 元
(图书出现印装问题，本社负责调换。电话：010-88191510)
(版权所有　侵权必究　举报电话：010-88191586
电子邮箱：dbts@esp.com.cn)

本书为国家自然科学基金项目"农超对接"模式下农户心理契约、渠道机会主义行为与流通效率研究——以生鲜蔬菜为例（项目号：71403085）的成果。湖北省高校优秀中青年科技创新团队计划项目"湖北企业文化创新研究"（项目号：T201416）和湖北企业文化研究中心对该成果的出版给予资助！

前　言

　　根据相关报道，目前中低收入国家由心脏病、脑卒中、肿瘤、慢性呼吸道疾病、糖尿病等慢性病造成的死亡人数占全世界死亡人数的80%，且呈快速上升和年轻化趋势。在中国，近年来心脏病、癌症等慢性疾病的发病率和死亡率也大幅上升，这既给中国居民家庭带来了痛苦和经济上的损失，又加重了政府在医疗方面的投入负担。事实上，心脏病、癌症等慢性疾病很大程度上是由人们的不良饮食习惯所导致的。自改革开放以来，随着国民经济的迅速发展，城镇居民的收入也在不断增加，使得人们更多地摄入高蛋白、高脂肪的食物，较少地摄入蔬菜，当前，城镇居民平均每年的蔬菜消费量为115kg/人·年，农村居民平均每年的蔬菜消费量为90kg/人·年，这一消费量不仅低于西方发达国家居民，也远低于专家建议的成人每天应摄入蔬菜300~500g的标准，而有研究表明蔬菜富含丰富的维生素、矿物质、纤维素和植物化学物质，可以有效地预防心脏病、癌症等慢性疾病，因此，城镇居民应提高蔬菜的消费量以降低心血管疾病的发病率和死亡率。那么，应如何提高城镇居民的蔬菜消费量呢？要解决这一问题，必须要了解：城镇居民的蔬菜消费行为到底如何？哪些因素影响了城镇居民的蔬菜消费行为？这些因素影响城镇居民蔬菜消费行为的机制是什么？这些问题的解决可以很好地补充和扩展主流消费理论，进而丰富经济学和消费者行为学中的消费理论，也有利于国家制定相关政策引导城镇居民的生鲜蔬菜消费行为，有利于生鲜蔬菜生产者更有针对性地生产蔬菜。

带着以上围绕城镇居民蔬菜消费行为提出的问题，本书从消费行为理论出发，采用深度访谈、内容分析等定性研究方法，结合描述性统计分析、方差分析、多元线性回归等定量方法，探讨了城镇居民生鲜蔬菜消费行为的变化、特征及差异性，建立了城镇居民生鲜蔬菜消费行为的影响因素模型，并实证检验了模型，进而确定了各因素影响城镇居民生鲜蔬菜消费行为的机制。本书的研究内容和主要结论如下：

（1）城镇居民蔬菜消费行为的特征分析

这一部分对调研对象的基本情况进行了描述性的统计分析，在此基础上总结出了城镇居民蔬菜消费行为的特征，即城镇居民的蔬菜消费量和消费频率都低于发达国家水平；经常消费的蔬菜品种是生姜、蒜头等十几种常见品种；城镇居民蔬菜消费的渠道仍是以菜市场为主。

（2）城镇居民人口统计特征变量对蔬菜消费行为的影响研究

这一部分梳理了国外关于人口统计特征变量对消费行为影响的研究成果，在此基础上，提出了城镇居民人口统计特征变量影响蔬菜消费行为的理论模型与研究假设，并运用多元回归方法对研究模型与研究假设进行了验证，最终得出了相应的结论与启示：人口统计特征变量通过影响城镇居民蔬菜消费意愿进而间接影响其蔬菜消费行为。

（3）生活习惯对城镇居民蔬菜消费行为的影响研究

这一部分在总结了国外关于抽烟、喝酒等生活习惯对消费行为影响的研究成果的基础上，提出了城镇居民生活习惯影响蔬菜消费行为的理论模型与研究假设，并运用多元回归方法对研究模型与研究假设进行了验证，最终得出了相应的结论与启示，城镇居民诸如抽烟、喝酒、体育锻炼等生活习惯会影响其蔬菜的消费意愿与消费行为。

（4）基于计划行为理论的城镇居民蔬菜消费行为影响因素分析

这一部分在回顾了计划行为理论的基础上，提出了基于计划行为理论的城镇居民蔬菜消费行为态度、蔬菜消费行为的主观规范和知觉行为控制等因素影响城镇居民蔬菜消费行为的理论模型与假设,并运用多元回归方法对理论模型与研究假设进行了验证,最终得出相应的结论与启示:城镇居民的行为态度、主观规范、知觉行为控制等变量会对其蔬菜消费意愿与消费行为产生影响。

(5)自我效能感在城镇居民蔬菜消费意愿与消费行为关系上的调节作用研究

这一部分主要论述了计划行为理论中意愿导致行为这一结论的不足之处,并提出了自我效能感在城镇居民蔬菜消费意愿与消费行为关系上的调节效应模型与假设,在运用多元回归方法对调节效应模型与假设进行验证的基础上,得出了相应的结论:城镇居民的自我效能感在其蔬菜消费意愿与蔬菜消费行为的关系上起调节作用。

目 录

第1章 导论 ·· 1

  1.1 研究背景及问题的提出 ·· 1

  1.2 研究目标和意义 ·· 3

  1.3 研究思路与研究方法 ·· 6

  1.4 可能的创新与不足 ··· 12

第2章 基础理论与文献综述 ··· 15

  2.1 基础理论 ·· 15

  2.2 文献综述 ·· 39

第3章 城镇居民蔬菜消费行为的特征分析 ······················ 52

  3.1 引言 ··· 52

  3.2 城镇居民蔬菜消费行为的问卷设计 ···························· 57

  3.3 调研对象的基本情况和城镇居民蔬菜消费行为的
特征分析 ··· 62

  3.4 本章研究结论与讨论 ·· 73

第4章 城镇居民人口统计特征变量对蔬菜消费行为的影响分析 75

4.1 引言 75
4.2 人口统计特征变量对蔬菜消费行为影响的理论回顾与研究假设 76
4.3 人口统计特征变量对蔬菜消费行为影响的研究设计与数据分析结果 82
4.4 人口统计特征变量对蔬菜消费行为影响的实证研究结果的讨论 92
4.5 本章小结 94

第5章 生活习惯对城镇居民蔬菜消费行为的影响分析 95

5.1 引言 95
5.2 生活习惯对蔬菜消费行为影响的理论回顾与研究假设 96
5.3 生活习惯对蔬菜消费行为影响的研究设计与数据分析结果 98
5.4 生活习惯对蔬菜消费行为影响的实证研究结果的讨论 107
5.5 本章小结 108

第6章 基于计划行为理论的城镇居民蔬菜消费行为影响因素分析 110

6.1 引言 110
6.2 态度、主观规范、知觉行为控制对蔬菜消费行为影响的理论回顾与研究假设 112
6.3 态度、主观规范、知觉行为控制对蔬菜消费行为影响的研究设计与数据分析结果 125

目 录

    6.4   态度、主观规范、知觉行为控制对蔬菜消费行为
          影响的实证研究结果的讨论 ………………………… 137
    6.5   本章小结 ……………………………………………… 140

第7章 自我效能感在城镇居民蔬菜消费意愿与行为关系上的调节作用分析 ………………………………………………… 141

    7.1   引言 …………………………………………………… 142
    7.2   自我效能感的理论回顾与研究假设 ………………… 143
    7.3   调节作用研究的设计与数据分析结果 ……………… 152
    7.4   实证研究结果的讨论 ………………………………… 158
    7.5   本章小结 ……………………………………………… 160

第8章 研究总结与展望 ………………………………………… 161

    8.1   研究总结 ……………………………………………… 161
    8.2   研究展望 ……………………………………………… 166

附录 城镇居民蔬菜消费行为的调查问卷 ………………………… 170
参考文献 ……………………………………………………………… 175
致谢 …………………………………………………………………… 212

第 1 章

导 论

1.1 研究背景及问题的提出

作为人们日常生活中必不可少的生活资料,生鲜蔬菜是城镇居民每天必需的消费品。一方面,与粮食相比,蔬菜在一国农业产业结构中属于经济效益比较高的农产品,其种植周期比其他农产品短,且种植起来比较容易,不需要掌握很复杂的种植技术,普通的农户就可以轻易种植大量的蔬菜,因此,积极鼓励和推动农户种植蔬菜,大力发展蔬菜产业,对解决中国"三农"问题有着积极的意义。蔬菜产业发展得好,可以吸收农村剩余劳动力,增加农民收入,丰富城镇居民的食物结构,进而促进中国农村经济乃至国民经济的繁荣和发展;另外,蔬菜也是人们必需的生鲜农产品,生鲜蔬菜富含了丰富的维生素、矿物质和膳食纤维等有益于人体健康的营养物质,长期科学地摄入蔬菜对人们的一些慢性疾病,如心脑血管病、高血压、糖尿病和某些癌症等慢性疾病具有良好的预防作用(Bazzano et al.,2002;Appel,2003),而近年来,这些极大危害人体健康的慢性疾病在中国呈现大规模爆发的趋势,发病率和死亡率逐年上升，有研究表明这些疾病的大量发生与城镇居民过低地摄入蔬菜有一定的关系（王旭峰，2014）。因此，无论是为了更有针对性地发展蔬菜产业，还是为了积极预防城镇居民慢性疾病的流行，都必须要了解城镇居民的蔬菜消费行为。

近年来，随着人口的不断增加，中国的蔬菜消费总量已是世界第一，人均消费量也一直维持在比较稳定的水平，如表1-1所示，截至2012年，城镇居民蔬菜人均消费量为112.3kg/人·年，农村居民人均消费量为84.7kg/人·年，因此，无论从总量还是人均消费量上来看，中国已成为名副其实的世界蔬菜消费大国（薛亮，2013）。而当前，中国的蔬菜消费需求，主要包括鲜食需求、初加工或深加工需求、动物饲料需求及其他需求。在这些需求中，所占比例较大的是鲜食需求，即对生鲜蔬菜的需求。而蔬菜鲜食需求的主体主要是城镇居民，因为农村居民的蔬菜需求一般由自己种植的蔬菜来满足。城镇居民蔬菜鲜食需求最重要的诉求是蔬菜的新鲜，而蔬菜却不耐贮存，如果在较短的时间内种植的生鲜蔬菜没有被销售出去，蔬菜的生产者就只能任其腐烂，其经济利益就会受到较多损害。因此，如果蔬菜生产者能够针对消费者的蔬菜消费行为有序地种植蔬菜，就能使蔬菜生产者和消费者都受益。从这一角度来说，了解城镇居民蔬菜的消费行为、影响因素及其之间的影响机制，对解决近年来因蔬菜产业无序发展导致蔬菜价格剧烈波动的问题就显得尤其重要。

表1-1　　　城镇居民和农村居民蔬菜消费情况　　　单位：kg/人·年

年份	城镇居民消费量	农村居民消费量	年份	城镇居民消费量	农村居民消费量
1990	138.7	134.0	1995	116.5	104.6
1991	132.2	127.0	1996	118.3	106.3
1992	124.9	129.1	1997	113.3	107.2
1993	120.6	107.4	1998	113.8	109.0
1994	120.7	107.9	1999	114.9	108.9

续表

年份	城镇居民消费量	农村居民消费量	年份	城镇居民消费量	农村居民消费量
2000	114.7	106.7	2007	117.8	99.0
2001	115.9	109.3	2008	123.2	99.7
2002	116.5	110.6	2009	120.5	98.4
2003	118.3	107.4	2010	116.1	93.3
2004	122.3	106.6	2011	114.6	89.4
2005	118.6	102.3	2012	112.3	84.7
2006	117.6	100.5			

资料来源：历年《中国统计年鉴》，中国统计出版社，1990~2001年。

1.2 研究目标和意义

1.2.1 研究目标

改革开放以来，随着中国粮食生产由单个农户生产的模式向集约化生产模式的转变，农村居民也由主要种植粮食作物的生产方式向种植经济作物的生产方式转变，而因为蔬菜种植时间短且需求量大，很多农村居民大量种植蔬菜，从而大幅提高了中国蔬菜的产量，其产值占农业总产值中的比重也日益增加。另外，随着中国居民生活水平的逐步提高，消费观念也由吃饱吃好转为健康饮食，导致城镇居民食品结构的改变，因此，城镇居民对蔬菜消费的要求也越来越高：希望冬天能吃到其他季节才有的新鲜蔬菜；希望能吃到与众不同的稀有特殊蔬菜；希望能吃到无污染有保健功能的野生蔬菜；希望能吃到安全放心且有营养的蔬菜。但中国蔬菜生产的分散性，导致了蔬菜生产的盲目性，以致各地生产的蔬菜在品种、时间、生产方式等多方面的同质化，进而出现大量同品种的蔬菜集中上市，使得当季蔬菜供给量大增，从而使得蔬菜价格低迷，而过季后上市的蔬菜数量又大幅减少，蔬菜价格大幅上升，最终使得中国蔬菜价格出现大幅波动。这些现象不仅干扰了正常的蔬菜市场秩序，更使种植蔬菜的农民和有鲜食蔬菜需求的城镇居民的利益受到损害。在此形势下，城镇居民的蔬菜消费行为如何？哪些因素影响到城镇居民的消费行为？这些因素影响城镇居民消费行为的机制和路径如何？都是研究城镇居民蔬菜消费行为要解决的问题，且这些问题的解决有利于政府对中国蔬菜产业的发展进行有针对性的指导。而就目前的理论研究成果来看，理论界虽然始终关注生鲜蔬菜产业发展的问题，并取得了一些显著成果，但大多数这方面的研究都是从宏观视角开展的，主要研究居民的收入与消费行为的关系，鲜见居民蔬菜消费行为的研究，更缺乏从蔬菜消费行为的角度去研究中国生鲜蔬菜产业发展的成果，特别是缺乏影响生鲜蔬菜消费行为的机制研究。

基于此，本书从消费者行为理论出发，采用深度访谈、内容分析等定性研究方法，结合描述性统计分析、方差分析、多元线性回归等定量方法，探讨了城镇居民生鲜蔬菜消费行为的特征和变化，分析了影响城镇居民生鲜蔬菜消费行为的机制，最终期望达成如下研究目标。

（1）明确城镇居民生鲜蔬菜消费行为的特征及差异性

随着中国经济的不断发展，城镇居民对生鲜蔬菜的需求越来越大。但城镇居民生鲜蔬菜的消费行为发生了怎样的改变还较少有学者进行深入探讨。因此，本书以微观调研数据为主，运用统计分析方法确定城镇居民生鲜蔬菜消费行为的基本特征，并分析城镇居民蔬菜消费行为的差异性。

（2）阐明城镇居民生鲜蔬菜消费行为的影响因素及机制

城镇居民生鲜蔬菜的消费行为受哪些因素的影响，这些影响因素如何去测量，其影响城镇居民蔬菜消费行为的机制如何，至今仍没有统一的认识。因此，本书在现有文献的基础上，针对生鲜蔬菜消费行为的特殊性，从理论上确定生鲜蔬菜消费行为的影响因素及构念，构建影响城镇居民生鲜蔬菜消费行为的理论模型并进行实证检验。

（3）丰富消费行为理论及为国家制定蔬菜产业发展政策和居民膳食指导提供相应参考

结合以上理论研究，本书将不仅揭示城镇居民生鲜蔬菜消费行为的影响机制，进而丰富城镇居民消费行为方面的理论，还将从实证中探索指导城镇居民提高蔬菜消费的建议，以期为相关政策的制定提供参考。

1.2.2 研究意义

近年来，中国蔬菜价格波动幅度越来越大，很多学者都从宏观角度阐述了中国蔬菜价格波动的原因，并提出了有针对性的建议，但蔬菜生产消费的不一致、市场调控失灵等问题仍未得到较好地解决。针对这一宏观难题，本书从城镇居民蔬菜消费行为的微观角度出发，运用管理学的实证研究方法分析了影响城镇居民蔬菜消费行为的因素及其内在机制，并在此基础上提出一些有针对性的宏观政策建议与微观政策建议。这一研究有一定的理论意义与实践意义。

（1）理论意义

主流的消费理论主要是从宏观角度研究居民收入、习惯形成等因素与消费行为的关系，虽有学者从微观角度研究其他因素对个体消费行为的影响，但缺乏城镇居民生鲜蔬菜消费行为的研究成果，特别是影响城镇居民生鲜蔬菜消费行为的因素及其机制方面的研究更是缺乏。因此，本书的研究成果，是对主流消费理论很好的补充与扩展，有利于丰富经济学和消费者行为学中关于居民消费的理论。

(2) 实践意义

近年来,一方面,中国蔬菜产业发展出现了一些问题,为此国家出台了很多政策,采取了很多措施,但这些政策与措施主要是对蔬菜的生产与流通方面进行调控,效果不尽如人意;另一方面,由于中国居民蔬菜摄入量较低,中国居民心血管病等慢性疾病的发病率和死亡率随之大幅上涨。因此,本书从生鲜蔬菜的消费行为方面入手,研究城镇居民生鲜蔬菜的消费行为及其影响机制,研究成果有利于国家制定相关政策引导城镇居民生鲜蔬菜的消费行为,有利于生鲜蔬菜生产者有针对性的生产蔬菜,进而解决当前中国蔬菜产业发展中遇到的问题。

1.3 研究思路与研究方法

1.3.1 研究思路

本书的总体研究思路,是从消费行为理论出发,采用深度访谈、内容分析等定性研究方法,结合描述性统计分析、方差分析、多元线性回归等定量方法,探讨城镇居民生鲜蔬菜消费行为的变化、特征及差异性,建立城镇居民生鲜蔬菜消费行为的影响因素模型并实证检验模型,进而确定各因素影响城镇居民生鲜蔬菜消费行为的机制。直观思路见图1-1的技术路线。

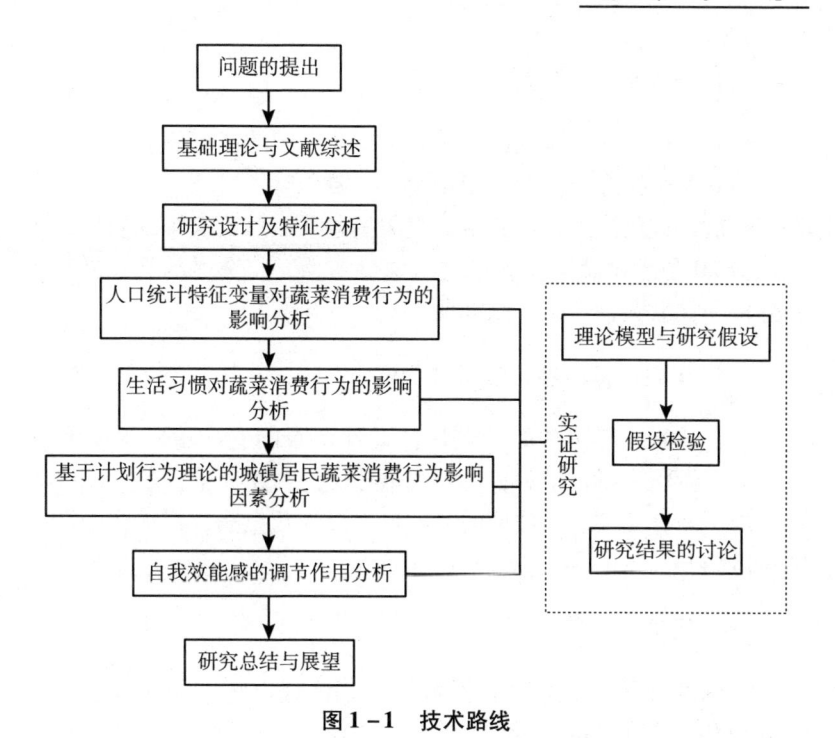

```
问题的提出
   ↓
基础理论与文献综述
   ↓
研究设计及特征分析
   ↓
人口统计特征变量对蔬菜消费行为的影响分析
   ↓
生活习惯对蔬菜消费行为的影响分析
   ↓
基于计划行为理论的城镇居民蔬菜消费行为影响因素分析
   ↓
自我效能感的调节作用分析
   ↓
研究总结与展望

实证研究:
理论模型与研究假设 → 假设检验 → 研究结果的讨论
```

图 1-1 技术路线

1.3.2 研究方法

本书主要运用深度访谈、内容分析等为主的定性研究方法，以及结构方程模型、多元层次回归分析等计量统计方法为主的实证研究方法。研究前期采用深度访谈、内容分析和文献研究，用于建立量表；通过现场调查、网络调查、电子邮件等方式跟踪研究对象进行问卷调查，收集数据后，运用描述性统计分析、方差分析、多元线性回归分析等方法验证相关假设；统计结果出来后，运用案例分析和演绎研究等方法，从数据分析结果中得出引导城镇居民蔬菜消费行为的建议。

(1) 建立测量量表题项

首先，进行文献研究，依据相关理论，归纳已有研究的量表题项，建立各个概念或构念的测量题项。

其次，运用深度访谈获得量表测量题项。从武汉市的农贸市场中选择20位生鲜蔬菜消费者进行深度访谈，将获得的量表进行内容分析和专家甄别，筛选测度项。

(2) 构建主体问卷，进行预测试

经上述研究得出初始量表后，设计调查问卷。随机调查了56位消费者做预测试。最后，对预测试数据进行了新的分析，剔除了那些因子间有交叉、系数低的测度项，以纯化量表，形成实地调查的主体问卷。

(3) 实地调研

①调查对象：生鲜蔬菜消费者。②调查方法：现场调查、网络调查和电子邮件问卷跟踪调查相结合。③抽样方法与样本量：一是从相关学校随机选择100位教职员工，二是安排学生利用节假日时间回到生源所在地城市进行走访调研，因为普通本科生对问卷调查的方式不熟悉，因此，在调研之前向他们提出了一些要求：问卷尽可能发放给愿意配合填写的人；选择了受访对象后，要实地发放，现场回收，保证回收率，每一个受访对象只能发放1份问卷。这种方式获得了100份样本，三是随机选择了一些企业，对企业的员工进行调研，这种方式共获得了100份样本，四是随机选择了一些单位，对其工作人员进行调研，这种方式共获得了100份样本。五是在问卷星网站上发放了调查问卷，最终获得了200份样本。在调查前均向相关调查人员讲解了调查时的注意事项。正式调查时，最终形成了36个问题的调查问卷，收集了约600份调查样本。

(4) 数据分析与假设检验

为得到信度、效度高的变量测量量表，以及研究假设中所显示的结构关系，利用验证性因子分析（CFA）等方法确定量表的信度和效度及模型的有效性；利用描述性统计分析方法进行中国生鲜蔬菜消费行为特征的分析；利用主成分与因子分析法确定生鲜蔬菜消费行为影响因素的构念；利用方差分析、多元线性回归等分析技术探索了各因素对生鲜蔬菜消费行为的影响机理；按照库雷希（Qureshi, 2009）的方法分析模型路径系数的区别。为解决可能出现的多重共线性引起的混淆交互效用和主效用等问题，本研究将采用兰斯（Lance, 1988）提出的残差中心化（residual centering）等技术。

1.3.3 研究内容及本书结构

围绕以上目标、思路和方法，本书从以下具体内容着手开展了研究工作，以实现本书既定的研究目标。

(1) 文献梳理与主要概念界定

消费行为是指，消费者为获得所用的消费资料和劳务而从事的物色、选择、购买和使用等活动。当前关于消费行为的研究已较成熟，但缺乏城镇居民生鲜蔬菜消费行为的文献，特别缺乏生鲜蔬菜消费行为的内涵和构念方面的研究。因此，本书对国内外消费行为方面的文献进行了深入细致的梳理，结合生鲜蔬菜的消费情况，提出了城镇居民生鲜蔬菜消费行为及其影响因素的内涵和构念，并明确了与生鲜蔬菜消费行为相关的主要概念的内涵。

(2) 城镇居民生鲜蔬菜消费行为的特征及差异性研究

改革开放 30 多年来，中国居民的生活水平有了非常大的改善（钟甫宁等，2012），其粮食的直接消费量持续减少，而肉类食品、牛奶、鲜蛋等动物性食物以及水果、蔬菜等植物性食物的消费持续增长（王恩胡等，2007），但生鲜蔬菜消费的变化及差异到底如何，仍缺乏文献支撑。因此，本书借鉴已有的关于食品消费行为及其特征方面的研究思路和方法，采用了微观调研数据研究了城镇居民生鲜蔬菜消费行为的变化，并运用描述性统计分析等定量方法确定了当前城镇居民生鲜蔬菜消费行为的特征。在此基础上，描述了不同地区、不同收入水平、不同学历、不同职业的城镇居民在生鲜蔬菜消费行为上的差异性。

(3) 城镇居民生鲜蔬菜消费行为影响因素及机制研究

居民对农产品的消费行为受到很多因素的影响，比如，社会舆论及媒体宣传（Zanoli et al.，2012）、农产品的化学成分、健康程度、污染状况、政策因素（Dhar，2005）、人口结构、职业结构（钟甫宁，2012）等；也有学者研究居民生鲜蔬菜消费行为的影响因素，比如，杰西（Jessie，2002）通过对心理量表的因子分析，认为蔬菜消费行为受到食用蔬菜的重要性、对健康的有利性、生鲜蔬菜获得的便利性和煮熟的蔬菜的口感等因素的影响。由此可见，已有的研究对居民生鲜蔬菜消费行为的影响因素进行了简单的论述，但鲜见对城镇居民生鲜蔬菜消费行为影响因素及其影响机制的研究。因此，本书在参考国内外关于农产品消费行为影响因素以及食品消费行为影响因素研究的基础上，结合城镇居民蔬菜消费的实际情况，运用问卷调查、专家访谈等手段，总结归纳出城镇居民生鲜蔬菜消费行为的影响因素并构建了理论模型，并运用实证研究方法对理论模型进行了检验，最终确定了各因素对城镇居民生鲜蔬菜消费行为的影响机制。

基于以上研究内容，本书共分为8章，具体结构如下：

第1章，导论。本章先分析了本书的研究背景，在此基础上，引出了本书研究的问题，进而着重指出了本书研究的目标和研究意义，与此同时，阐明了本书的研究思路、研究内容和所采用的研究方法，最后说明了本书可能的创新点和研究的不足之处。

第2章，基础理论与文献综述。本章在总结居民消费经典理论的基础上，对消费行为方式、消费行为的影响因素和农产品及蔬菜消费行为等相关文献进行了梳理，并对现有文献进行了总结与评价。

第3章，城镇居民蔬菜消费行为的特征分析。本章先对本书的研究设计过程进行了详细描述，在此基础上，对调研对象的基本情况进行描述性的统计分析，与此同时，以调研对象的蔬菜消费行为为基础描述了城镇居民的蔬菜消费行为。

第4章，城镇居民人口统计特征变量对蔬菜消费行为的影响分析。本章总结了国外关于人口统计特征变量对消费行为影响的研究成果，在此基础上，提出了城镇居民人口统计特征变量影响蔬菜消费行为的理论模型与研究假设，并运用多元回归方法对研究模型与研究假设进行了验证，最终得出了相应的结论与启示。

第5章，生活习惯对城镇居民蔬菜消费行为的影响分析。本章在总结国外关于抽烟、喝酒等生活习惯对消费行为影响的研究成果基础上，提出了城镇居民生活习惯影响蔬菜消费行为的理论模型与研究假设，并运用多元回归方法对研究模型与研究假设进行验证，最终得出了相应的结论与启示。

第6章，基于计划行为理论的城镇居民蔬菜消费行为影响因素分析。本章在回顾计划行为理论的基础上，提出了基于计划行为理论的城镇居民蔬菜消费行为态度、蔬菜消费行为的主观规范和知觉行为控制等因素影响城镇居民蔬菜消费行为的理论模型与假设，并运用多元回归方法对理论模型与研究假设进行了验证，最终得出了相应的结论与启示。

第7章，自我效能感在城镇居民蔬菜消费意愿与行为关系上的调节作用分析。本章是第6章的进一步研究，主要论述了计划行为理论中意愿导致行为这一结论的不足之处，并提出了自我效能感在城镇居民蔬菜消费意愿与消费行为关系上的调节效应模型与假设，在运用多元回归方法对调节效应模型与假设进行验证的基础上，提出了相应的结论与建议。

第8章，研究总结与展望。本章主要阐明了本书研究的主要结论与贡献，分析了研究的不足之处，并对未来的研究方向进行了展望。

1.4 可能的创新与不足

1.4.1 可能的创新

已有关于蔬菜方面的相关研究，较多地集中在蔬菜的生产和流通等方面，研究成果有较好的理论与现实意义，但相对忽略了农产品特别是生鲜蔬菜这种特殊商品的消费行为；另外，目前关于消费行为的研究较多，但多以一般商品的消费行为为研究视角进行分析，相对忽略了生鲜蔬菜的消费行为；虽然有学者研究农产品消费行为的影响因素，但目前尚无城镇居民生鲜蔬菜消费行为的影响机制研究。因此，本书可能的创新之处如下：

（1）阐明了人口统计特征变量对城镇居民蔬菜消费行为的影响机制

当前，大多数蔬菜消费行为方面的研究，都将人口统计特征变量作为居民蔬菜消费行为的前因变量。但本书通过研究发现，人口统计特征变量并不能直接影响城镇居民的蔬菜消费行为，它必须通过影响城镇居民的蔬菜消费意愿进而间接影响其消费行为，这一结论进一步丰富了蔬菜消费行为方面的理论，是蔬菜消费行为理论上的一个创新。

（2）引入生活习惯变量并分析了其对城镇居民蔬菜消费行为的影响机制

已有的国内外研究很少从居民的生活习惯方面分析居民的蔬菜

消费行为。本书引入生活习惯变量，运用多元回归方法分析了城镇居民生活习惯对其蔬菜消费行为的影响。研究结论为后来的研究者在研究蔬菜消费行为方面提供了新的角度和视野。

（3）验证了计划行为理论在城镇居民蔬菜消费行为上的适用性

计划行为理论认为，个体的行为态度、主观规范和知觉行为控制通过影响个体意愿进而间接影响个体行为，其中，个体知觉行为控制也可以直接影响个体行为。这一结论在个体或群体的很多行为领域都得到了验证，但运用这一理论来分析居民特别是城镇居民的蔬菜消费行为仍较少见，本书以计划行为理论为基础，实证检验了城镇居民的行为态度、主观规范和知觉行为控制对其蔬菜消费行为的影响机制。从理论上来看，这一研究进一步验证了计划行为理论的普遍适用性，也进一步丰富了蔬菜消费行为方面的理论，从实践上来看，可以为政府在制定国家蔬菜产业发展规划和引导居民蔬菜消费行为政策方面提供参考，这一研究拓展了计划行为理论的应用范围。

（4）完善了计划行为理论

计划行为理论认为，个体的意愿会直接转化为个体的行为，但本书的研究表明城镇居民的蔬菜消费意愿与其蔬菜消费行为之间的关系会受到自我效能感的调节。这扩展了计划行为理论关于个体意愿影响个体行为的结论，可能会让后来的研究者在研究蔬菜消费行为甚至饮食习惯的影响机制时，考虑更多的其他调节意愿与行为之间关系的变量。研究结论也可能会为后来研究居民饮食习惯的学者提供研究线索。这一研究是对计划行为理论的进一步创新。

1.4.2 研究的不足

从研究过程的角度来看，本书存在的不足主要包括以下两个方面。

一是变量的选取和效度问题。因为国内外研究蔬菜消费行为的成果较少，因此，本书的变量及其构念主要是在借鉴国内外其他消费行为的成熟测量量表的基础上，结合城镇居民蔬菜消费行为的特点，自行设计了测量量表，除此之外，本书在研究过程中还非常注重深度访谈、内容分析、专家甄别等前期定性研究方法，运用这些方法从消费者和农产品营销专家那里获得了足够多的态度或行为语言信息，避免了仅沿用英文文献量表所带来的外部效度低的问题。此外，本研究各个变量选择测度项时，还提高了可靠性"门槛"，尽可能删除了在预测试中信度低的测度项。即使采取了这些手段，变量的选取仍有一定的主观性，也导致有些变量的效度较低。

二是问卷数据的缺失值较多，本书为了保证问卷数据的真实及丰富，一方面，与本人所在单位有合作关系的相关单位进行了沟通，获取数据；另一方面，也给予了调研对象及相关人员一定的物质激励，以提高其参与调查研究的兴趣，从而满足数据样本量要求。但因问卷设置的问题较多，最后回收的问卷缺失值较多，这也可能导致研究出现些许偏差。

第 2 章

基础理论与文献综述

2.1 基础理论

消费行为方面的研究自 20 世纪 30 年代出现以来，始终是经济学的主要研究内容，大量经济学科的学者都从不同的角度对消费行为进行了深入细致的研究。与此同时，心理学、社会学、管理学等一些学科的学者也进行了大量消费行为方面的研究，这些学科的研究成果奠定了消费行为理论研究与实践的基础。本章分别从经济学科和其他学科两个方面，介绍经典消费行为理论。经济学方面比较经典的消费行为理论包括：凯恩斯提出的绝对收入理论（absolute income theory）、杜森贝里提出的相对收入理论（relative income theory）、弗里德曼提出的持久收入理论（permanent income theory）、莫迪利安尼提出的生命周期理论（life cycle theory）、霍尔提出的随机游走消费理论（random walk theory）、预防性储蓄消费理论（precautionary saving theory）以及流动性约束消费理论（liquidity constraint theory）。心理学、管理学等学科的经典消费理论包括，霍华德—谢思消费行为模型、恩格尔消费行为模型、所罗门的消费行为轮盘模型、阿塞尔的消费行为反馈模型、尼克西亚的消费行为模型、米塔尔的消费者角色分类与行为模型、彼得的消费行为轮状模型。这些经典的消费理论分别从宏观与微观两个方面解释了人们的消费行为，也为消费行为的后续研究奠定了坚实的研究基础，因此，这些理论也成为本书研究的基础理论，是本书研究的出发点。

2.1.1 经济学的消费理论

（1）绝对收入消费理论

1936年，英国经济学家约翰·梅纳德·凯恩斯（John Maynard Keynes）出版了《就业、利息和货币通论》一书，他在书中首次提出了绝对收入理论。凯恩斯的绝对收入理论说明了收入与居民消费之间的关系，其主要内容包括：一是凯恩斯构建了居民消费支出关于其所有收入的函数。在一般情况下，宏观经济学中总需求函数中关于消费的部分，其最重要的变量就是居民稳定的总收入（这一总收入以居民的所有工资收入来计算）。二是凯恩斯认为，如果居民的收入增加，其消费支出也会随之增加，但居民收入增加的幅度一般会大于其消费支出的增加幅度，且居民每增加或减少1元收入所导致其消费支出的变化率是一个小于1的正数。三是凯恩斯详细论证了"居民边际消费倾向递减规律"，并详细解释了居民边际消费倾向递减规律，认为边际消费倾向递减规律是指，随着居民消费支出在收入中所占的比例会随着收入的增加而逐渐下降，即边际消费倾向递减。凯恩斯也指出，之所以会存在"边际消费倾向递减规律"，是因为人们的心理因素在起作用。四是凯恩斯认为，平均消费倾向大于边际消费倾向，这主要是因为随着居民边际消费倾向的逐渐递减，居民的边际消费倾向会随之变得越来越小，这会导致平均消费倾向减小的幅度小于边际消费倾向。五是凯恩斯指出，绝对收入理论所说的收入是指当期的实际绝对收入。这里所谓的"当期"是指，居民现在的收入，不包括过去的收入和未来预期的收入；所谓的"实际"是指，按居民当期实际购买能力计算的收入，不是指按货币量计算的名义收入；所谓的"绝对"是指，不考虑利率、通货膨胀等因素的绝对水平的收入。凯恩斯在其理论中对收入的界定，是凯恩斯的绝对收入理论与其他居民消费行为理论的重要差别。从以上绝对收入理论的内容可以看出，居民消费支出受其绝对收入水平的影响以及边际消费倾向递减规律是绝对收入理论的中心内容。

  凯恩斯的绝对收入理论，在从逻辑上描述了居民消费绝对收入与其支出关系的基础上，构建了绝对收入消费函数：$C=\alpha+\beta S_t$，式中 α 为居民的当期消费支出，为必要的消费支出，即维持人们生存所必须的基本生活支出，β 即是凯恩斯提出的边际消费倾向，S_t 为当期收入，绝对收入假设消费函数的基本内涵是居民的必要消费支出和引致消费支出之和构成了居民的全部消费，从函数式中可以看出，必要的消费支出是不变的，而居民总的消费支出受到当期收入和边际消费倾向的影响。也就是说，居民收入的增加会导致居民消费的增加，而在绝对收入函数中，边际消费倾向 β 的值是一个正数，且小于1，因此，收入的增长会大于消费的增长。

  凯恩斯的绝对收入理论，对经济学中关于居民消费行为的理论做出了比较大的贡献，但是，随着其他学者也开始关注居民消费行为方面的研究，该理论的缺陷也逐渐显现出来，其主要的缺陷是绝对收入理论以主观分析居民的心理为基础，很大程度上是凯恩斯的一种主观推断，没有坚实的微观基础做支撑，这也就决定了凯恩斯的绝对收入理论自提出以来只可能是消费行为理论的过渡理论。绝对收入理论提出之后的经济发展实践表明凯恩斯所认为的边际消费递减规律根本不存在，而且实际的经济数据也表明，平均消费倾向与边际消费倾向在数值上是基本相等的，这也导致许多经济学家不断地探索居民消费行为的决定性因素。

(2) 相对收入消费理论

美国经济学家詹姆斯·S. 杜森贝里（James S. Duesenberry, 1949）出版了《收入、储蓄和消费者行为理论》一书，他在这本书中第一次详细说明了相对收入理论。与此同时，另一位经济学家莫迪利安尼也发表了《储蓄——收入比率的波动：经济预测问题》一文，文中也提出了与杜森贝里类似的观点，这一理论提出后也受到了学者的关注，迅速成为早期研究居民消费行为的重要理论。

相对收入理论间接地说明了消费对于经济周期稳定的作用。其具体内容主要有：杜森贝里和莫迪利安尼认为，收入稳定增长的时期，收入并不能决定总储蓄率，收入的增长率、预期收入、利率、人口年龄分布、收入分配等各种因素的变动直接影响总储蓄率；从经济周期的短期来看，当期收入与最高收入的比率影响储蓄率，且凯恩斯所提出的边际消费倾向也受到这一比率的影响，这也就解释了为什么从短期来看居民的消费会上下波动。杜森贝里和莫迪利安尼还进一步指出，由于居民的消费存在棘轮效应，消费的减少并不取决于收入的减少，而消费的增加会随着收入的增加而增加。概括来说，相对收入理论的核心是居民的消费取决于其过去的消费习惯以及其周围其他人的消费水平，所以消费是相对的。杜森贝里在提出相对收入理论的同时，还明确指出居民的消费存在棘轮效应和示范效应，棘轮效应是指除当期绝对收入影响居民的消费外，其消费更多地取决于他过去的消费水平。当居民的绝对收入减少时，居民宁可减少储蓄，也不会轻易改变其过去的消费习惯，从而降低消费水平；示范效应是指，居民的消费水平还会受到与其相同收入水平居民的影响，也就是说，居民会模仿甚至攀比别人的消费行为。

杜森贝里所提出的相对收入理论，是凯恩斯所提出的绝对收入理论的补充和完善，这主要是因为：一是凯恩斯的绝对收入理论认为，其他人的消费行为不影响个人的消费行为，但杜森贝里从消费行为选择的过程角度入手，深入研究了影响居民消费行为的因素，研究结果表明周围其他居民的消费行为会显著影响居民个人的消费行为；二是凯恩斯在绝对收入理论中说明了当个人的收入下降时，个人的消费水平也会随之下降，但杜森贝里认为消费具有不可逆性，即在短期内，当个人收入水平下降时，个人的消费水平并不会绝对减少，而是可能改变储蓄以维持过去的消费习惯和消费水平。

（3）持久收入消费理论

1956 年，美国著名经济学家米尔顿·弗里德曼（Milton Friedman）提出了持久收入理论。该理论的核心是居民的消费不受居民当期实际绝对收入的影响，也与当期收入和以前最高收入没有任何关系，居民的消费主要受到居民长期持久收入的影响。

弗里德曼的持久收入理论，将居民的收入划分为暂时性收入和持久性收入。暂时性收入是指，居民在短期内能获得的收入，具有暂时性和偶然性，暂时性收入有可能是负的，比如，发生了自然灾害等从而造成了居民的损失，也可能是正的，比如居民因为工作出色而获得的奖金。弗里德曼认为，人们的消费主要受到其持久收入的影响。持久收入是指，居民在一个较长时间内可以持续获得的收入，它是居民可以预期的长期平均收入，一般使用居民前几年的平均收入来衡量。

弗里德曼的持久收入理论认为，持久收入决定了居民的消费，如果居民有稳定的持久收入，那么他们也会稳定地消费。即是说，收入决定消费，所有收入的变化并不会导致消费者作出完全相同的反应。如果居民的收入变动被其预期是永久性的，比如，找到了一个有更高更可靠收入的岗位，居民就可能会把增加的大部分收入拿出来消费。而如果居民的收入变动是一种临时性或暂时性的，比如，年终时因工作出色获得的一次性奖励，那么，居民可能会将所增加收入的相当大一部分储蓄起来，不会用于消费。更进一步地，弗里德曼对持久性收入和暂时性收入进行了详细的解释，他认为居民的持久收入应该是那些居民可以长期且能有规律地获得的收入，这里所说的"长期"一般是指三年以上，比如，居民的固定工资收入就属于持久收入。暂时性收入，是居民在某一时点获得的、具有非连续性的预期之外的收入。所有的居民都希望他们的消费是较少变化的，因此，他们主要根据预期的持久收入来作出消费决策，而不是以暂时性收入为标准来作出消费决策。弗里德曼的持久收入理论说明长期来看消费函数的稳定性，与对长期消费统计资料进行分析后所得出的结论是一致的。

弗里德曼所提出的持久收入理论，代表了他对经济发展的看法，即看重货币的作用，坚持自由的经济。一方面，弗里德曼一直都反对凯恩斯所提出的政府干预经济发展的思想。他认为，社会经济要想不断发展，最重要的就是要重视市场机制的作用。市场机制可以使社会充分就业，虽然市场机制有时会出现失灵的情况，但这只是因为某些要素（比如价格、工资等）的调整不可能一蹴而就，因此，市场机制必须要经过一段较长的时间来调整某些要素后整个社会才能达到充分就业。而如果政府采取措施过多地干预经济运行，市场机制的作用就会被破坏，经济发展就会被阻碍，更有甚者可能会造成社会经济的动荡。另一方面，弗里德曼还质疑凯恩斯所提出的财政政策。他指出，如果一国的货币供给量没有发生变化，政府只要增加财政支出，利率就会上升，进而导致私人投资和消费的缩减，最终会出现"挤出效应"，从而抵消了政府财政支出给社会经济带来的积极正面的影响，因此，弗里德曼始终认为政府应采取货币政策来影响经济发展。

（4）生命周期消费理论

美国经济学家弗朗科·莫迪利安尼（Franco Modigliani）于20世纪50年代提出了生命周期理论。这一理论是对经济学中关于消费的理论的进一步研究。莫迪利安尼认为，居民在年轻的时候通过参加工作来获得收入并进行消费，而退休之后，他就进入纯消费而不能获得收入的阶段，最终，居民只能用工作时的储蓄来支撑退休后的消费。这样一来，居民的年龄直接影响其个人的可支配收入以及边际消费倾向。莫迪利安尼的生命周期理论表明，当一个居民的收入高（低）于其一生平均收入时，其储蓄就会高（低）的，更进一步地，莫迪利安尼指出，人口的年龄分布情况和经济增长率决定了社会总储蓄，比如，一个社会中如果青年人与老年人所占的比例较大，那么，整个社会就有较高的消费倾向，较低的储蓄倾向；一个社会中如果中年人所占的比例较大，则整个社会有较高的储蓄倾向，较低的消费倾向。

以一个例子来说明莫迪利安尼的生命周期理论，假设一个居民开始工作的年龄是20岁，工作40年后，到60岁退休，这个居民的可能寿命为80岁。很显然，这个居民的工作时间为 WT = 60 - 20 = 40（年），消费时间为 CT = 80 - 20 = 60（年）（居民工作前的20年因为受父母抚养，所以，消费时间中不包括前20年）。如果这个居民每年的收入为 WS = 60000（元），则其一生的收入为 LS = 60000 × 40 = 2400000（元）。一般来说，人们都追求一生安稳的生活，因此，人们会有计划地安排在60年的消费时间中的消费，即他会均匀地消费终生收入2400000元，则每年的消费额：

C = 2400000 ÷ 60 = 40000 = (WT/CT) × WS = 40 ÷ 60 × 60000 = 2/3 × 60000（元）

以上分析结果表明，该居民在其消费时间（60年）内每年消费年工作收入 WS（60000元）的2/3，这一比例正好也是居民工作时间 WT（40年）占其消费时间 CT（60年）的比率；而该居民每年工作收入 WS 的1/3则储蓄起来，其每年的储蓄额为 PS = 1/3WS = 1/3 × 60000 = 20000（元），则该居民退休时的储蓄额达到 20000 × 40 = 800000（元），这800000元的储蓄就用于该居民退休后20年的消费，按照该居民工作时间内每年消费40000元来计算，储蓄的800000元可以使用20年，正好在其80岁的时候消费完。这一例子充分说明了居民的消费主要受到其寿命预期的影响，这就是生命周期理论的主要内容。

莫迪利安尼的生命周期理论，是在提出了一些假定的前提下推演出来的，这些假设包括工作前 20 年不计算在消费时间内、储蓄没有利息、年工作收入没有增减、没有给后代留有遗产、一生中不会碰到大的社会变动，等等。当然，在放开这些限制条件后，生命周期理论的结论也可以成立。

莫迪利安尼的生命周期消费理论，除了分析生命周期与消费和储蓄的关系外，也研究了影响消费与储蓄的其他一些因素，比如，莫迪利安尼认为，如果一个社会的遗产税率较高，则人们会减少欲留给后代的遗产，增加其消费，反之，则会增加储蓄，减少消费。再比如，莫迪利安尼认为，如果社会保障体系比较健全，人们也会减少储蓄，增加消费。

莫迪利安尼的生命周期消费理论，是在凯恩斯的消费理论基础上提出的，因此，二者之间有一定的相同之处，但也有很大差别。二者之间最大的差别就在于，凯恩斯的绝对收入理论认为，居民一定时间的收入影响该时期的消费，是一种短期分析。而莫迪利安尼的生命周期消费理论则认为，人们的消费受到其一生收入的影响，人们通过分析其一生的收入，进而均匀地安排自己的消费计划，以使其整个生命周期得到最大的满足。但要注意的是，生命周期理论也有较大的缺陷，即人们很难均匀地安排其一生的消费计划。

(5) 随机游走消费理论

自凯恩斯提出绝对收入理论以来，大量的学者都对消费与收入的关系进行了详细的论述，消费与收入的关系模型以及相关的实证研究也大量涌现。因此，这些学者的研究结论成为宏观经济学中的核心内容，在凯恩斯的绝对收入理论提出之后，有两个消费理论长期占据了主导地位，即弗里德曼的持久收入理论和莫迪利安尼的生命周期理论。但也有学者尝试对这两个消费理论进行进一步的研究，从而提出了许多较新的消费理论，罗伯特·E. 霍尔（Robert E. Hall）提出的随机游走理论（Random-walk Hypothesis），就是其中比较有代表性的理论。

霍尔的随机游走理论，是在质疑持久收入理论和生命周期理论的基础上发展而来的。霍尔认为，弗里德曼的持久收入理论中持久性收入很难估算出来，而莫迪利安尼的生命周期理论中的财富市场价格也很难获得实际的数据。针对这两个理论的缺陷，霍尔提出了自己的办法，即通过模拟"新信息"来确定消费的变化经验。霍尔认为，如果居民都是理性地估计财富或永久性收入以及未来的消费的话，那么，居民现期的消费变化不会受到其过去消费或收入变化反映出来的过时信息的影响。他认为，如果居民对其持久收入的最佳估计是把实际消费的现值以一种无偏的方式纳入的话，那么，居民就是理性预期其持久收入的。换句话来说，如果没有"新信息"出现，居民消费的增加或减少将按一定的速度稳定地进行。因此，在某一段时期或之前某段时期，居民不会知道任何"新信息"，也因此应该有一个代表由于"新信息"的出现导致消费变化率偏离常量均值幅度的预测变量。霍尔的这一研究结论后来被称为消费的"随机游走"，而其所提的消费函数理论也被称作"随机游走理论"。

霍尔的"随机游走理论"，进一步拓展了消费理论的内涵和外沿，因为在霍尔的"随机游走理论"提出之前，大部分消费理论都是研究收入和消费之间的关系，而霍尔的"随机游走理论"从表面上看却没有考虑居民的任何收入对消费的影响。但这并不表明霍尔的"随机游走理论"否认消费与经常性收入的关系，这是因为只要经常性收入包含了新信息（比如，收入的未来价值或其自身的价值），收入就能反映在随机项上。

（6）预防性储蓄消费理论

费雪和弗里德曼是最早研究预防性储蓄理论的经济学家，之后，越来越多的学者开始关注这一理论，而到了 20 世纪 80 年代末 90 年代初，在众多经济学家的研究下，预防性储蓄理论得到了极大的发展。

预防性储蓄是指，厌恶风险的居民为了预防未来工作和生活出现大的变化，从而导致其消费水平的降低而预先进行的储蓄。莫迪利安尼的生命周期理论表明，居民之所以会将一部分收入储蓄起来，是因为他们要维持退休后的生活。但也有一些学者所做的研究表明，居民之所以会储蓄是因为他们还有其他目的，比如，留遗产给子女。也有很多研究数据表明，居民也会为了预防未来可能出现的收入下降而进行储蓄，即有远见的居民会在收入高的时候增加储蓄，以维持其收入较低时的消费。

预防性储蓄理论认为，当居民对未来收入不确定性预期越大时，他们的消费就越不可能按照随机游走来进行，这时居民的消费更多的是依据当期的收入来进行。与此同时，居民未来面临的风险越大，他就越会进行更多的预防性储蓄。这是因为，如果居民觉得在不久的将来会面临较大的工作或生活风险，那么，居民就会觉得将收入留到未来进行消费可以给其带来较大的效用，因此，居民就会将现在的收入储蓄起来（预防性储蓄），等到未来居民自身不会面临较大风险时再进行消费。换句话来说，居民面临不确定性时，如果他的收入下降，则其会增加预防性储蓄，从而会降低其当期消费支出；相反，如果他的收入增加，则其会减少预防性储蓄，从而会增加其当期消费支出。也就是说，在不确定性情况下，当期收入和当期消费之间有着正相关的关系，且不确定性增加，当期收入与当期消费之间的关系也会增强。因此，预防性储蓄理论认为，消费具有敏感性，凯恩斯绝对收入理论也有类似的结论。

（7）流动性约束消费理论

流动性约束最早是由弗莱明（Flavin，1981）和托宾（Tobin，1968）提出来的，自弗莱明和托宾提出流动性约束问题后，大量学者都开始关注这一问题，并采用了很多种不同的研究方法对流动性约束的影响因素及其影响程度和效果等问题进行了深入研究。主要代表人物有迪顿（Deaton，1991）、泽尔德斯（Zeldes，1989）等。

流动性约束，又被称为"信贷约束"，是指人们为了满足消费或从金融机构、非金融机构、个人处取得贷款时所受到的限制。流动性约束理论认为，居民的当期消费对可预测收入变化的敏感性会因流动性约束而增加。当居民面临的消费信贷利率较高而当期收入较少时，他可能会选择放弃消费信贷以平滑消费。在这种消费信贷不存在的情况下，他就只能根据其现有的收入进行低消费。正因为存在流动性约束，从而使得当期的消费受当期收入影响的程度大于持久收入理论或生命周期理论的预言。

通过以上分析，可以看出流动性约束理论的一些主要结论：第一，没有流动性约束时，居民的消费通常会高于存在流动性约束时居民的消费。在一般情况下，当期收入正向影响在流动性约束下的消费，这就是凯恩斯所提出的消费"过度敏感性"的一个重要原因；也正是因为未来的收入对当期消费作用有限，也就为"消费平滑性"提供了一种解释。第二，即使居民在现在觉得不会存在流动性约束，但是，如果他觉得未来可能会出现流动性约束的话，他也不会在现在进行更多的消费。因此，如果存在流动性约束，居民就会增加储蓄，以维持未来收入下降时的消费水平。一个合理的推论是：在一个国家的居民面临较强的流动性约束时，该国的储蓄率较高。贾泊利（Jappelli）和帕格诺（Pagano）对这一推论进行了检验，他们的研究结论表明，消费贷款比率负向影响一国的储蓄率，也就是说，消费者的储蓄行为受到流动性约束的影响。第三，如果居民在某一时期面临流动性约束，则在这一时期以后时期的居民消费都会受到影响。

更进一步地，流动性约束理论认为存在流动性约束时，如果居民的收入较低，居民就会产生短视行为。具体来说，当居民有较低的绝对收入且存在流动性约束时，居民就只会以其已有的流动性资产（如储蓄存款）与当期的收入来安排消费行为，他们首先会进行积累，以此来实现最基本的消费目标，然后再进行积累，慢慢实现一个个预定的目标。这就是流动性约束下收入低的居民的"短视行为"。而从长期来看，具有典型"短视行为"的居民消费行为具有很多"触发点"。居民会先节约消费，然后积累个人财富，接着实现其一个个的消费目标。在居民积累个人财富的时期，其消费水平比没有流动性约束情况下的当期消费水平要小。在存在流动性约束的情况下，对收入低的居民而言，其收入越低，需要实现的目标支出越大，则其积累个人财富的时间就会越长，或者在一个比较短的时期中，居民就会增加当期储蓄。这一结论与凯恩斯提出的边际消费倾向递减规律正好相反。在"触发点"时刻，已经积累的财富显著影响居民的消费支出，而居民消费支出受当期收入的影响相对减弱。

以上这些消费理论是经济学领域最经典的消费理论，主要是运用计量经济学的方法对居民消费的宏观面板数据进行处理，进而得出相应的结论，这些结论对指导政府制定引导居民合理消费的政策有一定实践意义，但这些理论对指导微观企业制定合理的营销策略的实践意义不足，因此，也有很多学者研究居民个体的消费行为。

2.1.2 其他学科的消费理论

经济学方面的学者主要是从宏观角度对居民消费行为进行了详细的解释，与此同时，其他学科也开始从行为个体的角度研究个体的消费行为，也形成了一些用于指导实践的经典消费行为理论。

（1）霍华德—谢思消费行为模型

霍华德（Howard，1963）提出了一种消费行为模式，但直到1969年，他与谢思（Sheth）进行合作将其所提出的消费行为模式进行修正后才正式形成了霍华德—谢思消费行为模型，模型框架见图2-1。霍华德和谢思认为，要分析消费者的购买行为，就必须从刺激因素、外在因素、内在因素和产出因素等四个方面去加以考虑。具体来说，主要有如下几个方面。

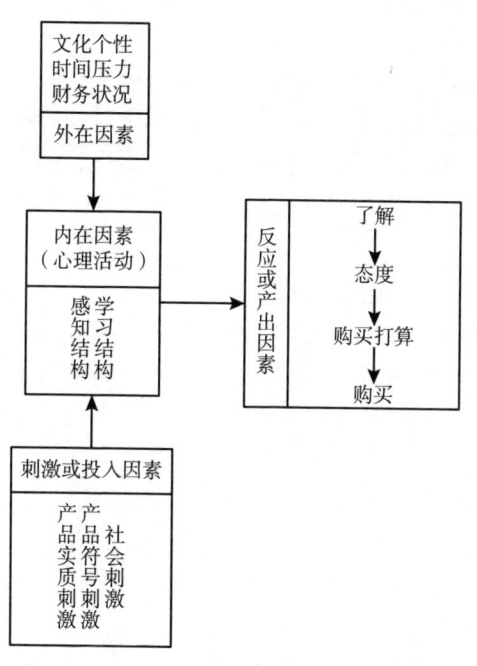

图 2-1 霍华德—谢思消费行为模式框架

①投入或刺激因素（前因变量）。

由企业销售部门掌控的因素，就是投入或刺激因素，即分析消费者行为的前因变量。它主要包括 3 个测量维度，分别为社会刺激维度、符号刺激维度和产品刺激维度。社会刺激维度主要指，影响消费者消费行为的社会因素，包括消费者的家庭、与消费者相关的群体以及消费者所处的社会阶层等。符号刺激维度是指，影响消费者消费行为的产品符号特征的传递过程，比如，通过人员及各种媒体将产品特征传递给消费者的过程。产品刺激维度，主要指影响消费者消费行为的产品本身的特征，包括产品的质量、价格、特征、可用性及服务等。

②外在因素（外生变量）。

影响消费者购买决策的外部因素就是外在因素，包括文化（亚文化）、个性、财力、相关群体、社会阶层、时间压力和产品选择性等。这里所说的时间压力指，在购买前对其购买行为所花时间的预期，或者指消费者预先所确定的实际购买时间的多少。一般情况下，消费者所面临的时间压力越大，其购买决策过程就会越短或被显著抑制，从而消费者只能仓促作出购买决策，最终导致不理想的购买行为。

③内在因素（内生变量）。

影响刺激和反应之间关系的因素称为内在因素。这一因素是霍华德和谢思提出的消费行为模型的最基本、最重要的因素。它主要解释了投入因素和外在因素如何影响消费者在购买时的心理活动过程，进而使消费者产生购买行为。霍华德和谢思认为，消费者的需求动机和对信息反应的敏感程度影响其内心接受投入因素的程度，而消费者消费欲望的强度以及产品相关知识"学习"的效果决定了其对信息反应的敏感程度。一方面，消费者一般只会去了解认知甚至是学习其感兴趣的产品，而对其不感兴趣的产品信息则表现出漠不关心的态度；另一方面，消费者的内心"决策仲裁规则"制约着消费者的选择偏好，这里所说的"决策仲裁规则"指的是，消费者将其拟购买的各种产品进行排序，然后，实施购买的一种心理倾向，这种心理倾向主要取决于消费者购买动机的强度、消费需求的紧迫度、满足预期欲望的程度、消费品的必需性以及对以前消费产品的感受等。

④产出或反应因素（结果变量）。

购买决策过程所导致的购买行为，即是产出或反应因素，也即消费者购买决策过程的结果变量。这一过程包括认识产出、情感产出和行为产出等3个子过程。认识产出是指，消费者对产品的了解和关注。情感产出是指，消费者对产品的态度，具体来说，是指消费者对产品能否满足其动机的估计。行为产出主要是指，对消费者消费选择或消费偏好认识程度的预测以及公开的购买行为。

霍华德—谢思消费行为模型的内涵，是消费者购买的刺激物是外在因素和投入因素，外在因素和投入因素先影响消费者的购买动机，从而唤起和形成相应的动机，进而为消费提供各种消费选择方案的信息，最后影响消费者的心理活动过程，即影响消费行为的内在因素。消费者在受到刺激物以及过往购买经验的影响后，就会尝试接受产品信息并将各种购买动机具体化，进而形成对可选择产品的一系列反应，并产生消费者购买决策的中介变量，包括消费选择的标准、评价的标准和消费意向等，在购买动机、消费方案以及影响消费者购买决策的中介因素的共同影响下，消费者就产生消费态度和倾向。消费者的消费态度和倾向在其他因素（如限制购买行为的因素）的影响下，消费者的消费行为结果就会产生。当消费者完成消费行为后，就会形成对该次消费行为的感受信息，这种感受信息会影响消费者的心理和其重复性的购买行为。

(2) 恩格尔消费行为模型

恩格尔（Engel）消费行为模型，又称为 EBK 模式，是目前关于消费行为研究中，受到关注较多且较为清晰完整的理论。1968年，恩格尔、克莱布威尔和科特拉（Engel, Blackwell & Kollat）等三人提出了这一模型，在经过实践检验后，他们于 1984 年对该模型进行了修正，最终形成了恩格尔消费行为模型。模型框架见图 2-2。

恩格尔认为，要分析消费者的消费行为就必须从其消费决策过程出发。他更进一步指出，中枢控制系统在无形因素和有形因素的影响下接收外界信息，具体来说，中枢控制系统通过大脑对消费的相关信息进行引起、发现、注意、理解和记忆，在此基础上，与大脑存储的消费经验、消费评估准则、态度、性格等进行比较、加工、过滤等，进而形成信息处理程序，最后，消费者在内心对相关决策方案进行研究评估选择，从而产生最终的决策方案。与此同时，这一过程还会受到诸如收入、文化、家庭、社会阶层等环境因素的影响，最终消费者产生消费行为，之后消费者还会对消费的商品进行体验评价，进而形成消费过程的满意度。这一满意度又会反馈到中枢控制系统，形成消费信息与消费经验，这些消费信息与经验又会对未来的购买行为产生影响。

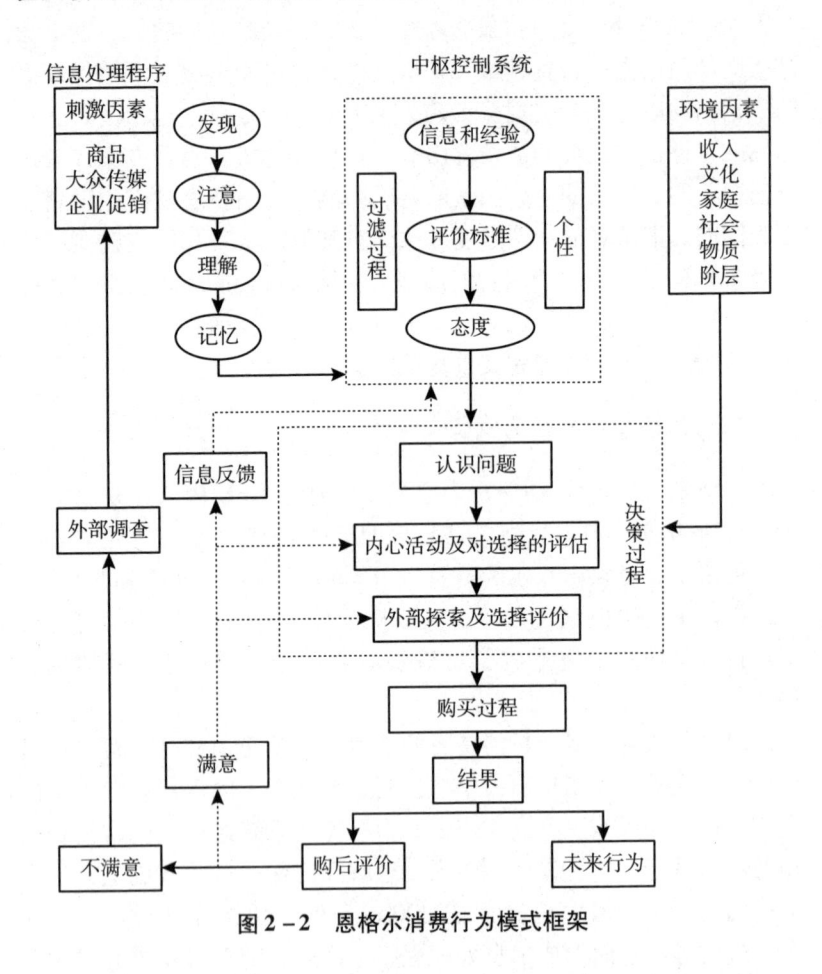

图 2-2 恩格尔消费行为模式框架

通过以上分析可以发现，恩格尔消费行为模型主要由五个步骤

构成:

一是问题认知。问题认知的产生,主要取决于消费者对其理想状况的预期和其当前实际情况的差异,当存在这种差异时,问题的认知就会产生。产生问题认知后,中枢控制系统就会开始运作,而预期目标就会转化为具体的行动。

二是搜寻信息。当消费者产生了问题认知后,他就会去搜寻问题产生原因的相关信息。信息搜集有内部搜集与外部搜集两种模式。内部搜集是指,消费者从其目前掌握的资料中或从其以往的消费经验中去搜集信息。当消费者发现从其现有资料和以往的消费经验中搜集不到相关信息时,他就会开始进行外部信息搜集。外部搜集是指,消费者从各种社会媒体、销售人员以及亲朋好友等渠道中去搜集相关信息,这种外部搜集是否进行,取决于消费者对感知利益与感知成本之间的比较。

三是方案评价。当消费者收集到各种相关信息后,就会形成各种消费方案并对各种消费方案进行评价。消费者对方案进行评价的行为包括:评价准则,即消费者对拟要消费产品进行评价的标准或准则,一般用商品的属性或规格来表示,评价准则的形成受其个人过往累积的信息、经验和个人动机的影响;信念,即消费者对某些方案的偏好,是凌驾于评价准则之上的标准;态度,即消费者在对各方案运用评价准则和信念进行评价后所产生的对各方案的有利反应或不利反应;意愿,即消费者对某一特定方案产生的主观性思维和意愿。

四是选择。当消费者对所有可能的方案进行评价后,就会从众多方案中选择一个他认为能解决问题的方案,并将该方案付诸行动,从而形成实际的购买行为。但要注意的是,在此阶段仍然有可能会出现一些意料之外的情况。比如,计划内的消费资金因挪作他用而短缺、消费渠道的影响等,这些情况的出现可能会使最后所做的决策与当初预期的不同。

五是消费结果的评价。当某产品被消费者购买并使用后,消费者对该产品的体验会出现两种情况，即，满意和不满意，这两种体验后的结果会存储于消费者的记忆中。一方面，如果消费者在体验了该产品后，发现其预期的需要没有得到满足，就会产生不满意的现象，这种不满意会导致消费者对产品抱怨程度的提升或者导致消费者对品牌忠诚度的降低；另一方面，如果消费者在体验了该产品后，发现其预期需要得到了满足，就会产生满意的现象，这种满意会增强消费者重复购买同一品牌产品的概率，进而提升对该品牌的忠诚度。

恩格尔消费行为模型，将消费决策过程划分为五个阶段，通过对这五个阶段的分析可以清晰地了解消费者的行为，但是这五个阶段除了会受到前面所分析的因素的影响外，还会受到其他一些因素的影响，比如，消费者所处的社会文化、相关参照群体、所处家庭等因素。

(3) 所罗门的消费行为轮盘模型

美国圣约瑟夫大学 Haub 商学院营销学教授迈克尔·R. 所罗门（Michael R. Solomon）对消费者的行为进行了研究并出版了《消费者行为学》一书，他在书中第一次构建了"消费者行为轮盘"的模型，如图 2-3 所示。所罗门认为，消费者的行为是一个由微观到宏观、由个体到群体的过程，在此基础上，他构建了由"作为个体的消费者""市场中的消费者""作为决策者的消费者""消费者与文化""消费者与亚文化"等五个部分组成的"消费者行为轮盘"。其中，"作为个体的消费者"会面临各种环境并在这些环境中接收具体的产品信息，在此基础上，消费者通过学习、记忆与存储等对产品信息进行处理，从而消费者就会产生其对产品和自身的看法和态度。当"作为决策者的消费者"处在一个群体，并需要对群体的消费行为进行决策时，他需要去搜集信息并对信息进行分析处理，在此基础上他作出关于群体消费行为的决策。"文化与消费者"，主要分析消费者所处的社会文化环境对消费者消费行为的影响是如何进行的。"消费者与亚文化",主要是对消费者所处的社会阶层、家庭等文化与其消费行为的关系进行分析,包括消费者所处的社会阶层的文化价值观、生活方式等对消费行为的影响。

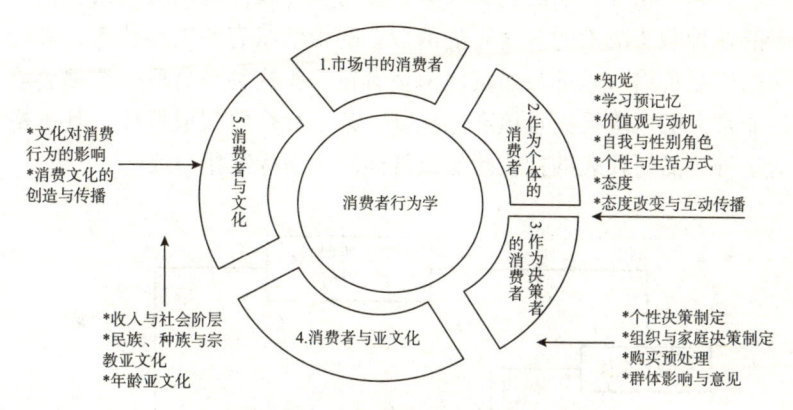

图 2-3 所罗门的消费行为轮盘模型框架

(4) 阿塞尔的消费行为反馈模型

亨利·阿塞尔(Henry Assael)是美国知名大学纽约大学的教授,他在深入研究消费者行为的基础上,出版了《消费者行为和营销策略》一书,他在书中对消费者购买决策的过程进行了详细的分析与论述,并提出了阿塞尔消费行为反馈模型,如图 2-4 所示。阿塞尔教授在消费行为反馈模型中详细论述了消费者决策与认知因素的关系,消费者行为的经验过程,消费者决策与消费者特征的关系以及消费者行为与环境因素的关系等。阿塞尔的消费行为反馈模型在分析环境因素对消费行为的影响时与其他消费行为理论一致,与其他消费行为理论的区别主要体现在他对消费者购后体验反馈的看法上,阿塞尔在反馈模型中指出主要有两条反馈路径反馈消费者的购后体验,一条反馈路径是对消费者自身的反馈,另外一条反馈路径是对营销策略的反馈。还有一个重要区别是,阿塞尔的消费行为反馈模型还对消费者的购买决策进行了划分，他将消费者的购买决策划分为两种，一种购买决策是消费者参与程度较低的购买决策，另一种购买决策是参与程度较高的购买决策。其中，那些对消费者有非常重要影响的购买决策是参与程度较高的购买决策，消费者的这种购买决策的显著影响消费者的生活状态或工作状态，其购买的产品价格一般都较昂贵，消费者在购买这种产品后一般都会承担非常大的风险损失且该产品代表了某一社会阶层或群体，其价格与这种产品所代表的社会阶层或群体的价格标准相一致。

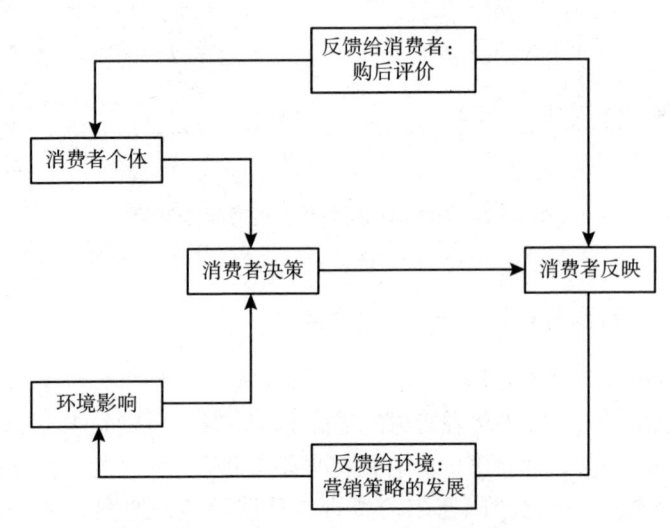

图 2-4　阿塞尔的消费者行为反馈模型框架

(5) 尼克西亚消费行为模型

1966 年，尼克西亚（Nicosia）出版了《消费者决策过程》一书，他在书中提出尼克西亚消费行为模型，如图 2-5 所示。尼克西亚认为，要分析消费者的消费行为就必须将其看为一个信息处理过程，这一信息处理过程就是消费者以其特定的心理活动特点为基础、接收、加工、储存、使用和反馈商品生产者发出的各种信息的过程。这一信息处理过程主要包括如下内容：一是从信息源到消费者的态度。即商品生产者利用社会媒体等方式以信息的形式将自己的企业或产品的属性发送给消费者，消费者接收到生产者发出的信息后，以自己独特的性格和心理活动为基础，对相关信息进行分析处理，对信息进行处理后，消费者就形成了对商品或服务的态度并予以输出；二是消费者对商品或服务态度的调查和评价。消费者在形成了对某些商品或服务的态度后，就会对商品或服务信息进行调查和评价，在此基础上最终形成消费者的购买动机；三是消费行为。消费者在形成购买动机后，就会在其驱使下形成购买决策，并最终导致实际的消费行为；四是消费后的信息反馈。消费者购买后，就会使用或体验该商品或服务，体验完后，就会形成消费经验或教训，这些消费经验或教训一方面，会存储在消费者的大脑，另一方面，也会反馈给企业或其他消费者。

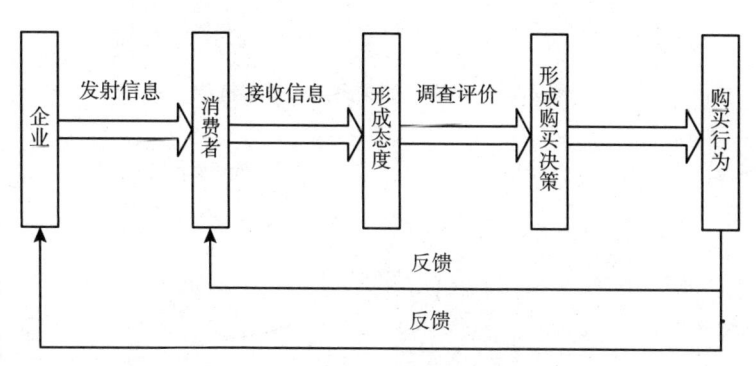

图 2-5 尼克西亚消费行为模型框架

（6）米塔尔的消费者角色分类与行为模型

杰格迪什·N. 谢思（Jagdish N. Sheth）和米塔尔（Mittal）分别是艾默瑞大学格兹祖塔商学院的教授和北肯塔基大学的教授，两人都对消费者行为进行了研究,并合作出版了《消费者行为——管理视角》一书,他们在书中提出了关系购买模型和消费者品牌忠诚模型,如图2-6和图2-7所示。

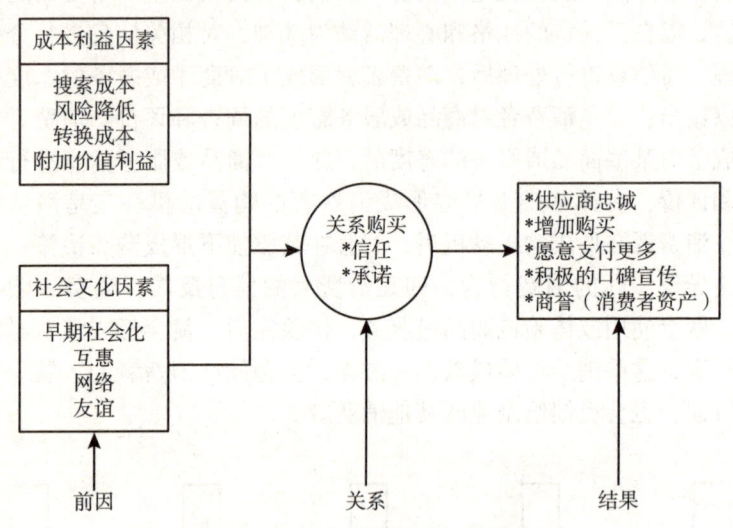

图2-6 米塔尔的关系购买模型框架

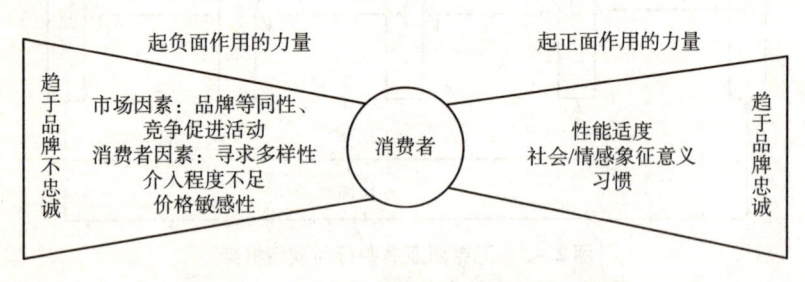

图2-7 米塔尔的消费者品牌忠诚模型框架

在书中,谢思和米塔尔对消费者的角色进行了分类,分别为使用者、购买者和付款者等3类,这一分类可以更好地研究消费者的行为。谢思和米塔尔认为,随着经济形式由传统经济时代向互联网经济时代的迈进，消费者可以轻易地得到大量的信息，这使得他们更加珍惜时间，更加挑剔，也使得他们的消费行为越来越具有个性。因此，研究消费者行为应当从一个新的视角——消费者价值的角度来进行。更进一步地，谢思和米塔尔指出，"所有消费者的行为都受到消费者购买并使用产品或服务时所获得价值的影响"，而消费者购买并使用商品时所获得的价值由消费者购买并使用的产品和服务解决消费者问题的能力来构成，产品或服务市场价值的外显就是上述的产品或服务解决问题的能力，具备满足消费者需要和需求能力的产品和服务才能为消费者创造价值。

在界定了消费者角色和商品创造价值的理论后，谢思和米塔尔提出了群体性消费者行为的总体模型、消费者关系购买模型和消费者品牌忠诚模型。其中，关系购买模型主要分析影响消费者与供应商之间关系的因素。这一影响因素模型主要分为3个部分，第一个部分是前因部分，这是影响关系购买动机产生的部分，消费者是否会建立一种购买关系的决策受到这部分因素的影响；第二个部分是关系部分，这里主要是指消费者与产品或服务的提供者之间的关系，由于消费者在选择产品或服务的提供者的过程中大量的时间、金钱和精力会被耗费掉，因此消费者在一般情况下只会不断重复地去选择一家特定的产品或服务的提供者；第三个部分是结果部分，人们对是否建立一种购买关系的决策，主要受到两类因素（社会文化因素和成本利益因素）的影响，如果消费者愿意建立一种购买关系，且这种购买关系是以相互承诺和相互信任为基础建立起来的，这种关系一旦最终给消费者带来了较好、较正确的结果，消费者就有可能在购买和使用了某种商品后产生独特的行为和态度：重复购买该供应商的产品，对该供应商的忠诚度提高，更进一步地，消费者甚至愿意支付更高的价格给供应商。这一模型表明，对供应商来说，最关键的是要形成关系购买。

谢思和米塔尔提出的品牌忠诚模型，分析了消费者品牌忠诚的影响因素。他们认为，有3个因素影响消费者的品牌忠诚：第一个影响因素，是品牌产品性能的适合性，这一适合性是消费者在购买产品或服务时所能感受到的；第二个影响因素，是消费者在长期重复使用同一种品牌产品的过程中逐步形成的消费习惯；第三个影响因素，是消费者购买的产品品牌所能代表的社会地位或情感的强弱程度。他们更进一步地指出，其他品牌的吸引力也大幅降低消费者对某一品牌的忠诚度，而其他品牌吸引力的大小又会受到市场相关因素和其他与消费者个人相关因素的影响。

（7）彼得的消费行为轮状模型

J. 保罗·彼得（J. Paul Peter）和杰里·C. 奥尔森（Jerry C. Olson）分别是美国威斯康星大学麦迪逊分校的教授和宾夕法尼亚州立大学的教授，他们在深入研究消费者行为的基础上合作出版了《消费者行为与营销战略》一书，并在书中首次提出了"消费者行为轮状模型"，如图2-8所示。彼得和奥尔森认为，消费者所面临的各种环境、消费者的消费行为、消费者的感知与认知以及企业的营销战略等四个方面是研究消费者行为的出发点。他们更进一步指出，这四个方面是缺一不可的。此外，彼得和奥尔森还解释了

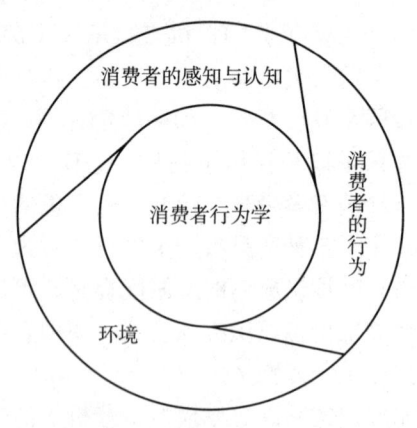

图2-8　彼得的消费行为轮状模型框架

影响消费者商品选择的关键需求，他们认为消费者购买和使用商品的目的和情境会显著影响其某类特定商品的选择决策，而消费者商品选择的关键需求就产生于其购买和使用商品的目的和情境。因此，只有准确识别消费者购买和使用商品的目的和情境才能准确掌握消费者的关键需求。这里所说的"关键需求"是指，显著影响消费者消费决策的利益需求。

2.2 文献综述

目前，国内外关于蔬菜消费行为的研究较少，大多数文献主要集中在研究一般商品的消费行为及其影响因素上，且大部分研究都是在前文所述的消费行为理论的基础上进行的经济学范式研究。

2.2.1 关于消费行为的研究

消费是人类社会永恒不变的主题之一，消费是人类社会进行生产的前提和基础，人类要不断发展与进步也离不开消费。伴随着消费在人类社会发展中所起作用的不断增强，以及人们不断提高的消费意识，西方学者开始于20世纪30年代进行消费行为方面的研究，自此以后，消费行为方面的研究成为经济管理方面研究的主题，形成了一些比较有价值的理论。

国外关于消费行为的研究成果中比较有代表性的主要包括，节制消费理论、适度消费理论、炫耀性消费理论和可持续消费理论等四种。

17世纪，英国因为工业革命，经济蓬勃发展起来，但随着经济的蓬勃发展，英国工业对资本的需求日益迫切，在这一背景下，一些英国的政治经济学家比如亚当·斯密、威廉·配第、大卫·李嘉图等开始关注消费行为。虽然他们关于消费行为的研究一直都没有专门论述，没有形成体系，但综观他们关于消费行为的观点，我们可以发现一个共同之处就是他们都提倡节制消费、主张节俭，从而加快完成资本积累。亚当·斯密认为，辛勤工作和勤俭节约才能获得财富，只有勤劳没有节俭，财富不会增加，因此，应鼓励居民的生产性消费和未来消费，压抑居民的非生产性消费与当前消费。威廉·配第也有类似的观点，他认为居民应当压制或减少非必要的消费，这样才能保证资本与财富积累的完成。基于此，他认为消费应以是否促进生产为标准，抑制类似于大吃大喝这种不利于生产的消费行为。大卫·李嘉图认为，人的欲望是产生消费行为的直接原因，如果人的欲望没有得到满足，就会产生消费行为，因此，人们应该抑制那些对生产不利的欲望，进而形成节制消费的行为。

节制消费的理论在很长时间内成为英国政府指导消费的基本理论，但随着社会的不断发展，以法国经济家西斯蒙第、魁奈和英国经济学家凯恩斯为代表的一些学者也开始对消费行为进行了进一步研究，提出了适度消费的观点。凯恩斯主张，应当运用财政政策和货币政策引导居民适度消费。魁奈主张，应当引导国民进行适度消费。西斯蒙第认为，消费决定生产，因此，政府应当关心消费者的利益，而生产者应当研究市场，从而引导居民合理消费。

19世纪30年代，加拿大社会学家雷（Rae）提出了炫耀性消费这一概念，他认为，炫耀性商品的性质和效用可以从虚荣心的角度来加以解释（Rae，1834）。但炫耀性消费真正形成理论主要归功于凡勃伦（Thorstein Veblen），他认为那些不需要工作就能获取剩余价值的有闲阶级因为与劳动阶级在心理上的差异决定了他们除了有满足生理需求的消费外，还有能让其心理和精神上得到满足的炫耀性消费。杜森贝里（1949）提出的示范效应理论，则进一步丰富了炫耀性消费理论。莱宾斯坦也认为，消费者有非功能性需求，这些需求会受到外部效应，包括跟潮效应、逆溯效应和凡勃伦效应的影响，这一观点更是认可了凡勃伦关于炫耀性消费的思想。

到了20世纪末期，随着自然环境的不断恶化，联合国环境署发表了《可持续消费的政治因素》这一影响深远的报告，而可持续消费这一概念则出现在这一报告中，可持续消费是指，人们的消费应以满足自身的基本需求和提高生活质量为前提，但与此同时，又不能危及子孙后代的需要。

除了以上经典消费行为理论外，还有学者提出了冲动性消费的概念。这一概念最早是由斯特恩（Stern）于1962年提出的，在此之前，也有学者研究了类似的消费行为，并提出了"非计划购买"的概念（Katona，1951），但这一概念并不能准确地反映冲动性消费的本质。在斯特恩提出冲动性消费这一概念后，不断有学者试图解释冲动性消费行为（Rook et al.，1987；Puri et al.，1996；Beatty et al.，1998；Shiv et al.，1999），但他们对冲动性消费行为的解释本质上实际是一致的。最新的受到大多数学者认可的冲动性消费的定义，是突然感受到一种心理上的冲动，以一种愉悦自己的方式开始行动，这种行动方式是突然产生的，没有考虑任何后果，但能给人带来迅速的满足（Sengupta et al.，2007）。

关于居民的消费行为主要是以上几种，虽有学者提出了一些有别于以上几种的消费行为，但从本质上来看，都是以上几种消费行为的拓展。事实上，理论界较少关注居民具体的消费行为，更多关注的是影响居民消费行为的因素。

2.2.2 关于消费行为影响因素的研究

随着消费对经济发展重要性的不断体现，理论界对消费的研究进一步深入，逐渐转向研究影响消费行为的因素，取得了大批影响深远的成果，这些成果主要可以分为两个方面，一个是经济学方面的研究成果，一个是其他学科方面的研究成果。经济学方面的研究成果主要是分析收入对消费行为的影响，比如，前文所述的绝对收入理论、相对收入理论等都是这方面的代表理论，在此基础上，也有一些经济学家分析了家庭的户主年龄、家庭的资产及其构成和家庭的人口结构等人口统计学因素对居民消费行为的影响。

(1) 经济学方面的研究成果

早期经济学者对居民消费行为的研究,大多以确定性消费理论为基础。无论是凯恩斯的绝对收入理论还是莫迪利安尼的生命周期理论和弗里德曼的持久收入理论,虽然研究的侧重点不同,但他们都认为影响消费行为的主要因素是收入。在三大消费理论的基础上,很多学者进一步探讨了收入与消费的关系,并着重分析了持久性收入和暂时性收入影响消费行为的机制及其差异(Campbell et al., 1989; Browning et al., 1996;苏良军等, 2005;高梦涛等, 2008;汪伟, 2008)。确定性消费理论成果虽然有一定的指导意义,但与实际有所出入,因此,出现了与实际更相符的不确定性条件下的消费理论,自此之后,理论界开始关注收入不确定性对消费行为的影响(Zeldes, 1989; Deaton, 1991; Guiso et al., 1992;万广华等, 2001;朱信凯, 2005;刘兆博等, 2007;李文星等, 2008;李凌等, 2009;张邦科等, 2012)。同时,也有很多学者利用微观统计数据对消费行为的影响因素进行了分析,检验了收入和资产对居民收入的影响会随家庭的变化而变化的结论。

也有很多学者研究了年龄、家庭资产结构和住房所有权等因素对居民消费行为的影响。其中,较有代表性的学者是恩格尔·哈特(Engelhardt)、莱文(Levin)等。恩格尔·哈特(1996)通过对户主年龄在65岁以下的家庭1984~1989年收入动态面板数据的处理,发现家庭资产对消费支出水平有不同的影响,即储蓄率不同的样本家庭,其实际住房资产的边际消费倾向差异较大。莱文(1998)则对纵向退休历史调查(LRHS)数据进行了分析,认为收入和流动性资产的变化对消费支出的影响较为敏感。梅拉(Mehra, 2003)以消费、收入和财富间长期均衡为基础,运用误差修正模型对住房资产与消费之间的短期动态关系进行了分析,认为美国1960~2000年期间居民住房资产与消费之间存在显著的相关关系。赛隆（Ciarlone，2011）利用数据运用 PMG 方法对亚洲、中欧和东欧的发展中国家房地产与消费的关系进行分析，结果表明存在显著的财富效应。从以上研究可以看出，住房资产对消费行为有显著的正向影响。

也有很多学者对消费的财富效应进行了深入研究，研究结果表明家庭各方面的不同会使财富效应发生变动，比如，家庭成员的年龄就是影响财富效应变动的一个重要的决定性因素。雷拉特（Lehnart，2004）运用实证研究方法，在控制持久收入和不控制持久收入的情况下，对不同年龄群体的住房资产的财富效应进行了研究，结果表明住房资产的财富效应会随户主年龄的变化而变化。西奈（Sinai，2005）分别运用两种实证方法进行回归分析，结果表明购房者如果是年轻人，住房资产几乎没有财富效应，而如果购房者的年龄在 36~45 岁，则住房资产的财富效应却非常大，而如果购房者的年龄超过 45 岁，则家庭的财富效应又呈下降趋势。

习惯形成也是影响消费行为的一个重要因素，李芬尧（Feng - Yao Lee，1970）认为，习惯形成与消费行为之间有显著的关系。丹尼斯（Denise，1988）通过对英国季度数据的分析，发现季节性的习惯形成显著影响居民的消费行为。坎贝尔（Campbell，1999）指出，因为存在习惯形成的因素，当持久收入变动后，居民消费行为调整得比较缓慢。帕特里齐奥（Patrizio，2004）认为，居民的边际消费倾向会随着习惯的形成而降低。洛佩斯（Lopez，2005）通过对西班牙的家庭调查数据分析，发现居民的消费决策很大程度上会受到习惯形成的影响。迪莉娅（Delia，2011）通过对稳定的资本市场的研究发现，形成消费习惯的人消费往往会比较高。

国外运用经济学范式研究的影响消费行为的因素，除了以上几类外，还提出了社会保障、收入差距、人口老龄化趋势等影响消费行为的观点（Musgrave，1981；Thomas，1986；Gossard，2003；Garriguet，2004；Bertola，2005；Ramajo，2006），这些观点对本书的研究也有一定的参考价值。国内的经济学者研究消费行为的起步相对较晚，但也获得了一些很有实际价值的研究成果。而这些研究成果主要集中在宏观经济领域，且主要是将西方的消费理论中国化，在此过程中，一些学者发现西方关于消费的一些经济理论并不能很好地解释中国居民的消费行为。比如，齐天翔（2000）运用凯恩斯的绝对收入理论分析了中国居民收入与消费行为的关系，结果表明绝对收入理论可以很好地解释中国计划经济时代的居民消费行为，但不能解释转轨时期的居民消费行为。也有很多国内学者探讨了不确定性对中国居民消费行为的影响，得出了与西方学者相似的结论（龙志和等，2000；万广华等，2001；徐绪松等，2003；杭斌，2004；罗楚亮，2004；易行健等，2008；臧旭恒等，2007；杜宇玮等，2011；陈冲，2014等）。除此之外，还有一些学者分析了其他因素对消费行为的影响，比如，金晓彤等（2004）提出了城镇居民消费行为变异的假说，并认为制度的不断调整是城镇居民消费行为发生变异的主要原因。田青等（2008）通过对30个省、自治区、直辖市相关数据的分析，发现医疗保健、教育文娱支出影响居民的消费行为，且这种影响的程度会随着区域的变化而变化。邰秀军等（2009）通过对农户的访谈，发现家庭面临的冲击因素、家庭面对冲击的缓冲能力、外部的支持因素等会影响中国农户的消费行为。叶德珠等（2012）对全球48个国家和地区的面板数据进行了研究分析，研究结果表明，不同国家的文化比传统因素更能解释各国居民的消费行为差异。黄娅娜等（2014）利用城镇居民收支调查数据对消费习惯形成效应进行了深入细致的分析，研究结果表明，城镇居民的食品消费存在显著的习惯形成效应，且不同群组的家庭习惯效应的差异显著。

（2）其他学科的相关研究

在经济学科对居民消费行为的影响因素进行研究之后，心理学、社会学、管理学等学科的学者也开始深入研究消费行为的影响因素，这些研究主要是从微观的角度进行的，研究成果对于企业如何更好地满足居民的消费需求有一定的指导意义。

从心理学的角度来看，居民的动机、心态、生活形态、自我概念、价值观等与消费者心理相关的因素会影响居民的消费行为（Rokeach，1973；Gutman，1982；Engel，1993；Heaton et al.，1993；Schwartz，1994；方玲，1999；Hofstede，2001；张广胜，2002）。从社会学的角度来看，社会文化、自然环境、收入变化、企业的营销活动等因素与居民的消费行为密切相关（Leigh et al.，1981；Engel et al.，1995）。从管理学的角度来看，需要与动机、知觉、学习与记忆、态度、个性、自我概念与生活习惯等是影响消费行为的个人因素；文化、社会阶层、社会群体、家庭等是影响消费行为的外部因素（Kolter，2001）。除此之外，还有一些学者提出了消费行为的其他影响因素。比如，赫克勒（Heckler，1989）认为，子女的消费行为和习惯会显著影响父母的消费行为和习惯，即存在反代际影响。摩尔（Moore，1996）利用问卷调查研究了母女的服装消费行为，发现母女在服装消费行为上存在高度一致性，即母亲的消费行为影响了女儿的消费行为，这就是所谓的代际影响。多拉基亚（Dholakia，2004）认为，群体标准和社会认同会显著影响群体中消费者的消费行为。

国内较少有一般消费行为影响因素的原创研究，但随着中国经济社会的不断发展，国内学者开始关注网络消费行为、有机产品消费行为、绿色消费行为等的影响因素研究。比如，杨金深（2005）认为，经济、文化、技术和政策等多方面因素影响居民安全农产品的消费行为。马骥等（2009）认为，居民对安全农产品认知能力的高低，决定了其消费安全农产品的行为。孟艾红（2011）通过对城市居民低碳行为的研究发现，居民的社会心理意识、炫耀性心理、低碳消费知识以及从众心理显著影响其低碳消费行为。武瑞娟等（2012）通过实证调研发现，沉没成本、节俭消费观、控制动机均显著影响积极消费行为。劳可夫（2013）通过对问卷调查所收集到的数据进行分析处理后，发现消费者创新性对绿色消费行为具有显著影响。刘瑞峰（2014）利用北京、郑州和上海585位消费者的调查数据，实证分析了特色农产品消费行为的影响因素。结果表明，消费者年龄、文化程度、收入水平、对产品质量安全性的要求、对产品新鲜程度的要求、对产品原产地的重视程度、对产品品牌的重视程度和对亲友推荐的认可程度等因素，正向影响其消费行为，职业状况、对产品外观的要求、对产品价格水平的重视程度和对销售推介的重视程度等因素负向影响其消费行为，性别、婚姻状况、对产品营养成分含量的要求和对产品口感的要求等因素没有显著影响其消费行为。

2.2.3 关于农产品及生鲜蔬菜消费行为研究

国内外关于农产品消费行为的研究较少，特别是生鲜蔬菜消费行为的研究更少，且研究成果主要集中在安全农产品的消费行为上。

(1) 关于安全农产品的消费行为研究

目前，关于农产品消费行为的研究，主要集中在研究居民对农产品特别是安全农产品的消费意愿和消费行为以及居民农产品购买渠道和地点的选择上。

关于居民农产品消费意愿的研究成果较多。比如，弗斯金斯（Fousekis，2000）研究了负面报道和广告效应与农产品需求的关系，研究结果表明在英国农产品的广告越多、负面报道越少，英国居民对农产品的需求就会越大，比如，欧洲的"疯牛病"报道的出现使英国居民的牛肉需求减少，而英国居民的猪肉需求则增加。贝克（Baker，2001）在研究居民对转基因农产品的接受程度时发现，不同国家的居民对转基因农产品接受程度的差异性受到农产品需求的差异性、消费者选择和信任度等因素的影响。扎诺里（Zanoli，2004）深入分析了消费者选择和购买农产品的影响因素，发现消费者对农产品的购买意愿在一定程度上受到大众媒体如电视报纸等的影响。达尔（Dhar，2005）以419位消费者为研究对象，对影响消费者农产品认知的因素进行了研究，研究结果表明，消费者对农产品的认知主要受到农产品的卫生程度、化学成分、污染状况、政策因素等的影响。佩德森（Pedersen，2006）认为，消费者对食品安全问题越关注，其消费安全农产品的愿望就越强烈，从而形成消费安全农产品的动力。青平等（2006）构建了一个消费意愿和消费行为以及影响因素的分析模型，通过调查数据的实证检验发现城市居民并没有将绿色蔬菜的消费意愿转化为经常性的实际购买行为。于爱芝等（2007）认为，消费者与安全农产品生产者存在严重的信息不对称，这会降低消费者对安全农产品的信任度，从而影响消费者对安全农产品的消费行为。罗丞等（2009）利用调查问卷收集了厦门市消费者购买安全食品的行为数据，运用数理统计方法分析了消费者对安全食品购买倾向的影响因素，研究结果表明，消费者对安全农产品的选择主要受到消费者的感知行为控制、态度、信念、规范和信息等因素的影响。郝利等（2009）以北京、江苏、山东、陕西、福建、山西等省市几个城市的无公害农产品消费者作为调研对象，以消费者对无公害农产品的认知程度和行为表现为调研内容进行了深入细致的调查研究，调查结果表明消费者的年龄、收入、家庭、学历等因素显著影响其对无公害农产品的认知，而消费者的性别则不影响其对无公害农产品的认知。张露等（2014）运用多元线性回归方法对影响消费者低碳农产品消费行为的决定因素进行了研究，研究结果表明，中国消费者的低碳农产品消费行为与"宣传教育""消费者认知"与"消费者偏好"等三个因素显著相关。为了进一步比较不同类型消费者在低碳消费行为及行为决定因素各个维度上的差异，其运用了独立样本T检验方法。检验结果表明，低学历、低收入与低消费额群体与高学历、高收入与高消费额群体在"消费者行为""消费偏好"以及"消费者认知"等维度上存在着显著的差异性，且后者表现优于前者；女性消费者与男性消费者在

"消费者行为"与"消费者认知"等维度上存在着显著的差异，且后者表现优于前者；"宣传教育"显著影响中老年消费者与青年消费者的低碳消费行为，而且，宣传教育对中老年消费者低碳行为的影响更优于对青年消费者低碳消费行为的影响。

关于居民农产品购买渠道和地点选择方面的研究，国内学者比较关注，也得出了一些有意义的结论。比如，袁玉坤等（2006）通过调研分析了居民在超市购买生鲜农产品的行为，研究结果表明消费者之所以会选择在超市购买农产品，是因为他们在选购时认为超市的农产品品质及服务较好、农产品更安全、农产品卫生程度更高、购物环境更好等；而消费者会选择在农贸市场购买农产品主要是由于他们在选购时认为，农产品的价格及品种类别、农贸市场的便利性、农产品的新鲜度。何德华等（2007）运用实证研究方法研究了消费者购买农产品的地点选择决策，研究结果表明不同收入阶层的消费者购买农产品的地点不同，且对农产品价格关心程度的高低也会影响消费者购买农产品的地点。周发明等（2009）分析了长沙市消费者对生鲜农产品购买地点的选择问题，并指出购物环境、营业时间、价格、受教育程度、职业阶层、购物地点远近等因素显著影响消费者购买地点的选择。赵晓飞等（2009）通过对武汉市武昌区消费者生鲜农产品购买渠道的分析发现，消费者对生鲜农产品购买渠道选择受到多种因素的影响，并在此基础上提出了生鲜农产品市场的发展策略。杨欧阳等（2009）对北京市消费者安全农产品的购买行为进行了深入细致的调查研究，并得出了如下结论：北京的消费者一般都选择在超市购买安全农产品；虽然调研对象都表明，他们曾经购买过安全农产品，但也承认他们基本不了解安全农产品的相关知识；农产品的新鲜度是消费者最关注的因素，但很少有消费者了解农产品的品牌、安全追溯体系及相关认证的作用；购买安全农产品的群体主要是高收入、高教育程度的消费者及女性消费者；对消费者的购买意愿影响较大的是农产品的初始价格。

(2) 水果蔬菜的消费行为研究

目前，国内外关于居民蔬菜消费行为的研究较少，虽有一些相关研究成果，但主要是研究居民水果蔬菜的消费行为，而运用实证研究方法来研究蔬菜消费行为及其影响因素的成果更是少见。

通过梳理国内外文献可以发现，国内外关于水果蔬菜消费行为的研究成果较少，而研究水果蔬菜消费行为影响因素的代表性成果更少。已有的成果主要分析了居民受教育程度、收入、年龄、性别等人口统计特征变量和心理因素对其水果蔬菜消费行为的影响。具体来说，大致有如下一些学者研究了影响居民水果蔬菜消费行为的因素。比如，伦纳德（Leonard，1989）认为，苹果的销售推广计划、广告宣传活动正向影响消费者的消费行为。常平凡（2002）通过研究发现，苹果价格高和居民收入低是影响苹果消费的主要因素。杰西（Jessie，2002）通过对心理量表的因子分析，认为蔬菜消费行为受到食用蔬菜的重要性、对健康的有利性、生鲜蔬菜获得的便利性和煮熟的蔬菜的口感等因素的影响。林冰华（Bing – Hwan Lin，2003）对美国居民水果蔬菜的消费行为进行了研究，结果表明居民年龄、收入及教育状况会显著影响其水果蔬菜的消费行为。诺埃尔（Noel，2004）通过对低收入家庭和高收入家庭水果蔬菜的消费行为研究发现，低收入家庭边际收入的增加不会显著影响其水果蔬菜的消费水平，高收入家庭边际收入的增加能带来其水果蔬菜消费水平的提高。理查德（Richard，2005）通过对291位非洲裔美国人的调查，发现非洲裔美国人的水果消费行为取决于可感知利益和身边的重要人物设定的标准，蔬菜的消费行为是一个外部奖励和高热量、高脂肪食物的偏好函数。陈云等（2006）利用上海市民蔬菜消费的市场调查数据进行了研究，结果表明收入、文化差异、职业差异、年龄、人口数量及结构变动都会对其蔬菜消费行为产生影响。青平（2008）通过对问卷调查的数据进行分析，认为大多数武汉市民有消费水果的习惯，且性别、购买地点、口感、新鲜程度、价格、安全、营养是影响武汉市居民水果蔬菜消费行为的主要因素。贾斯廷（Justin, 2009）通过对 52 个国家 196373 位成年人的调查分析，发现发展中国家（如加纳、巴基斯坦等）的人们较少有水果和蔬菜的消费，水果和蔬菜的消费随着年龄的增加而增加，随着收入的减少而减少，城市和农村居民在水果和蔬菜消费行为上存在显著差异。克雷西奇（Kresic, 2010）认为，苹果的自身属性，包括颜色、尺寸、原产地、成熟季节影响消费者的苹果消费行为。卡里纳（Carine, 2010）运用实证研究方法验证了父母的教育方式会影响儿童的蔬菜消费行为。亚娜（Jana, 2010）通过对 411 名公司白领的调查研究，发现人们蔬菜消费动机要经由计划才能转化为蔬菜消费行为，而自我效能感则在这一过程中起到了调节作用。尤妮斯（Eunice, 2011）通过对在校中学生水果蔬菜消费行为的研究发现，水果蔬菜的易获性、营养教育和不健康食品的竞争是影响中学生水果消费行为的主要因素，更进一步地，他认为食品安全会影响中学生在学校的水果蔬菜消费行为。韦斯利（Wesley, 2011）调查了美国 2556 个城市和农村居民的水果蔬菜消费行为，发现购买环境对城市居民和农村居民在水果蔬菜消费行为上的影响有显著差异。孙佳佳等（2013）利用微观调查数据，实证检验了居民进口苹果消费行为的影响因素，结果表明进口苹果的价格、良好的自身属性、质量安全因素、广告效应等显著影响居民进口苹果的消费行为。张磊等（2013）以烟台市城市居民为调查对象，运用 Logistic 模型分析了城市居民蔬菜消费行为特征及其趋势。研究结果表明，蔬菜消费行为一方面，表现出多元化态势，另一方面，表现出升级化趋势，具体来说，他认为目前居民的消费行为趋势主要有方便快捷型、环境友好型、质量偏好型、复合购买型等趋势，为节约交易机会成本、满足居民消费需求，应该优化生鲜蔬菜零售终端布局和升级改造农贸市场。朱艳娜等（2014）列示了影响蔬菜消费量的直接影响因素，利用解释结构模型（ISM）对影响蔬菜消费量的众多因素进行了分析，厘清了其层级递阶关系，找出了蔬菜总需求量与总产量影响因素之间的相互作用关系，从而找到了深层次根本原因和表层直接原因。

2.2.4 文献评析

居民的消费行为一直是经济学、管理学、社会学、心理学等学科的研究热点，已有的研究成果主要集中在宏观和微观两个层面。从宏观层面看，主要是经济学领域的学者从收入、资产、习惯形成等方面研究居民的消费行为，研究成果对政府制定引导居民合理消费、扩大内需等政策有一定的指导意义。从微观层面看，较多的研究表明，消费者的个体特征、文化、家庭、生活习惯、自我概念等因素显著影响其消费行为，这些成果可以指导企业制定合理的产品营销策略，从而提升企业产品的市场竞争力。综观已有的国内外研究成果可以发现，对居民消费行为的研究已比较成熟，但关于城镇居民蔬菜消费行为的研究较少，国外虽有一些这方面的研究成果探讨了蔬菜消费行为及其影响因素，但所研究的因素主要是一些诸如年龄、职业等人口统计特征变量，显得过于简单和片面，且研究对象都是国外居民，而中国居民与西方国家居民有显著的文化差异，这也导致国外的研究结论并不能很好地解释中国城镇居民的蔬菜消费行为。国内也有一些关于水果蔬菜消费行为的研究，但这些研究更多地是运用简单的描述性统计分析方法来开展的，缺乏规范的实证研究成果。因此，本书在借鉴已有研究成果的基础上，运用规范的管理学实证研究方法系统而详细地研究城镇居民的消费行为及其影响因素，有一定的理论与实践指导意义，也是对现有消费行为理论的扩展和补充。

第 3 章

城镇居民蔬菜消费行为的特征分析

3.1 引言

蔬菜含有对人体极为重要的各种维生素和纤维素,是人体矿物质的来源,因此,人们每天都要摄入蔬菜。一直以来,中国人的饮食都是以植物性食物为主,动物性食物为辅。食物主要包括粮食、蔬菜、猪肉、牛羊肉、禽类、鲜蛋、水产品、鲜奶等。随着中国经济的快速发展,人们收入水平也在不断提高,中国居民的饮食结构也随之发生了较大的变化,特别是在蔬菜消费上更是如此。如表 3-1 所示,表中数据单位为 kg/人·年。从表 3-1 中数据可以看出中国居民的饮食结构变化。

从表 3-1 和图 3-1 中可以看出,城镇居民粮食消费量由 1981 年的 145.4kg/人·年下降到 2012 年的 78.8kg/人·年,中间年份虽有反复,但总体呈下降趋势;蔬菜从 1981 年的 152.3kg/人·年下降到 2012 年的 112.3kg/人·年,中间年份虽有反复,但总体呈缓慢下降趋势;猪肉从 1981 年的 16.9kg/人·年增长到 2012 年的 21.2kg/人·年,中间年份虽有反复,但总体呈缓慢增长趋势;牛羊肉从1981年的1.7kg/人·年增长到2012年的3.7kg/人·年，中间年份虽有反复，但总体呈急剧增长趋势；禽类从1981年的1.9kg/人·年增长到2012年的10.8kg/人·年，中间年份虽有反复，但总体呈急剧增长趋势。鲜蛋从1981年的5.2kg/人·年增长到2012年的10.5kg/人·年，中间年份虽有反复，但总体呈急剧增长趋势；水产品从1981年的7.3kg/人·年增长到2012年的15.2kg/人·年，中间年份虽有反复，但总体呈急剧增长趋势；鲜奶从1981年的4.1kg/人·年增长到2012年的14kg/人·年，中间年份虽有反复，但总体呈急剧增长趋势。从分析中我们可以看到，除粮食和蔬菜的消费量有所下降外，猪肉、牛羊肉、禽类、鲜蛋、水产品和鲜奶的消费均呈现增长的趋势，而从图3-2中可以看出，蔬菜消费量虽然呈逐年下降趋势，但在城镇居民食物结构中所占比例却呈现稳定状态，下降幅度较小。这主要是因为改革开放以后，中国国民经济急剧迅速发展，使得城镇居民的收入水平也得到了不断提高，可供城镇居民选择的食物品种也逐渐丰富起来，人们有能力也有机会选择其他诸如猪肉、牛羊肉等食物，但因为蔬菜是维持人类生存的必备食物，因此，蔬菜在中国居民食物结构中所占的比例没有太大的变化，但与专家推荐的人均每天摄入300～500g蔬菜的标准相比仍相去甚远。

表3-1　　　　　1981～2012年城镇居民食物消费表

年份	粮食	蔬菜	猪肉	牛羊肉	禽类	鲜蛋	水产品	鲜奶	蔬菜消费占比
1981	145.4	152.3	16.9	1.7	1.9	5.2	7.3	4.1	0.45
1982	144.6	159.1	16.9	1.8	2.3	5.9	7.7	4.5	0.46
1983	144.5	165.0	18.0	1.9	2.6	6.9	8.1	4.6	0.47
1984	142.1	149.0	17.1	2.8	2.9	7.6	7.8	5.2	0.45
1985	131.2	147.7	17.2	3.0	3.8	8.8	7.8	6.6	0.45
1986	137.9	148.3	19.0	2.6	3.7	7.1	8.2	4.7	0.45
1987	133.9	142.6	18.9	3.1	3.4	6.6	7.9	4.5	0.44

续表

年份	粮食	蔬菜	猪肉	牛羊肉	禽类	鲜蛋	水产品	鲜奶	蔬菜消费占比
1988	137.2	147	16.9	2.8	4.0	6.9	7.1	4.3	0.45
1989	133.9	144.6	17.5	2.7	3.7	7.1	7.6	4.2	0.45
1990	130.7	138.7	18.5	3.3	3.4	7.3	7.7	4.6	0.44
1991	127.9	132.2	18.9	3.3	4.4	8.3	8.0	4.7	0.43
1992	111.5	124.9	17.7	3.7	5.1	9.5	8.2	5.5	0.44
1993	97.8	120.6	17.4	3.4	5.2	8.9	8.0	5.4	0.45
1994	101.7	120.7	17.1	3.1	4.1	9.7	8.5	5.3	0.45
1995	97.0	116.5	17.2	2.4	4.0	9.7	9.2	4.6	0.45
1996	94.7	118.5	17.1	3.3	5.4	9.6	9.6	4.8	0.45
1997	88.6	113.3	15.3	3.7	6.5	11.1	9.7	5.1	0.45
1998	86.7	113.8	15.9	3.3	6.0	10.2	10.1	6.0	0.45
1999	84.9	114.9	16.9	3.1	6.7	10.9	10.3	7.9	0.45
2000	82.3	114.7	16.7	3.3	5.4	11.2	11.7	9.9	0.45
2001	79.7	115.9	16.0	3.2	7.3	10.4	12.5	11.9	0.45
2002	78.5	116.5	20.3	3	9.2	10.6	13.2	15.7	0.44
2003	79.5	118.5	20.4	3.3	9.2	11.2	13.4	18.6	0.43
2004	78.2	122.3	19.2	3.7	6.4	10.4	12.5	18.8	0.45
2005	77.0	118.6	20.2	3.7	9	10.4	12.6	17.9	0.44
2006	75.9	117.6	20.0	3.8	8.3	10.4	13	18.3	0.44
2007	78.7	117.8	18.2	3.9	9.7	10.3	14.2	17.8	0.44
2008	63.6	123.2	19.3	3.4	8.5	10.7	11.9	15.2	0.48
2009	81.3	120.5	20.5	3.7	10.5	10.6	12.2	14.9	0.44
2010	81.5	116.1	20.7	3.8	10.2	10.0	15.2	14.0	0.43
2011	80.7	114.6	20.6	4.0	10.6	10.1	14.6	13.7	0.43
2012	78.8	112.3	21.2	3.7	10.8	10.5	15.2	14.0	0.42

资料来源：历年《中国统计年鉴》，中国统计出版社，1981~2012年版。

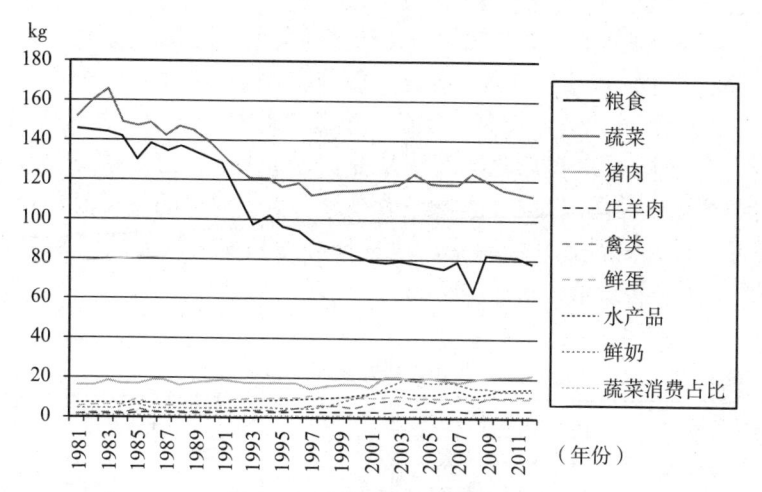

图 3-1　各种食物消费量趋势

资料来源：历年《中国统计年鉴》，中国统计出版社。

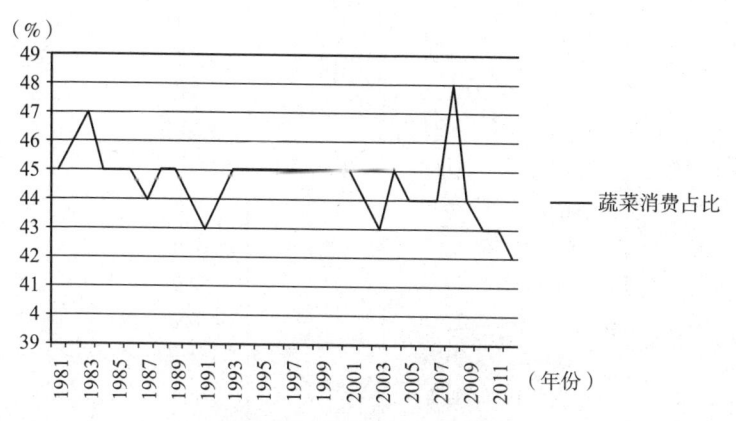

图 3-2　蔬菜消费占比趋势

资料来源：历年《中国统计年鉴》，中国统计出版社。

当前，中国蔬菜种类主要有根菜类、白菜类、芥菜类、甘蓝类、绿叶菜类、葱蒜类、瓜类、茄果类、豆类、薯芋类、水生蔬菜类和多年生蔬菜共 11 类，共计近 5000 个品种，比较常见的品种有

100余种,其中,城镇居民消费比较多的蔬菜品种有20余种,包括白菜、芹菜、菠菜、甘蓝、香菇、蘑菇、豇豆、四季豆、黄瓜、番茄、茄子、马铃薯、大葱、洋葱、生姜、蒜头、萝卜、胡萝卜等,表3-2列举了一些常见的蔬菜品种。近年来,因为食品安全问题日益严重以及深入人心的健康饮食观念,城镇居民的蔬菜消费除常见品种外,消费者开始有意识地选择有食品安全认证的"绿色蔬菜""无公害蔬菜"等。

表3-2　　　　　　　　　　中国蔬菜品种

类别	主要品种		类别	主要品种	
叶菜类	大白菜	茼蒿	果菜类	辣椒	茄子
	小白菜	苋菜		南瓜	芸豆
	生菜	香椿		金丝南瓜	豇豆
	菠菜	娃娃菜		黑皮冬瓜	豌豆
	韭菜	芥兰		苦瓜	架豆
	芹菜	香菜		黄瓜	刀豆
		马齿苋		丝瓜	扁豆
	苦苣	芥菜		佛手瓜	菜豆
	黄秋葵	雪里蕻		西葫芦	毛豆
	空心菜	油菜		番茄	甜玉米
根茎类	萝卜	山药	菌类	木耳	
	大葱	马铃薯		银耳	
	小葱	红薯		平菇	
	蒜	芦笋		金针菇	
	洋葱	百合		草菇	
	莴笋	牛蒡		香菇	
芽苗菜	豌豆芽	花生芽			
	香椿芽	花生芽			
	萝卜芽	黄豆芽			
	荞麦芽	绿豆芽			

由以上分析可知，蔬菜始终是中国人的主要食物来源，但自改革开放以来，城镇居民的蔬菜消费行为发生了变化。而据国家统计局公布的数据，截至 2014 年末，中国总人口已达 13.68 亿人，接近 14 亿人口对蔬菜消费的需求是巨大，而其消费行为也影响国家对蔬菜产业的生产布局，因此，有必要了解城镇居民的蔬菜消费行为。基于此，本章主要阐述城镇居民蔬菜消费行为研究的设计过程，并运用描述性统计方法重点分析城镇居民的蔬菜消费行为。

3.2 城镇居民蔬菜消费行为的问卷设计

以往关于消费行为的研究主要是从经济学角度进行的，所用的都是宏观数据，而城镇居民蔬菜消费行为的宏观数据较为缺乏，因此，本书运用问卷调查的方式着重从微观层面分析城镇居民蔬菜消费行为。

3.2.1 问卷的设计

管理学科的实证研究主要有两类方法，一类是问卷调研，一类是实验。已有的统计方法，可以保证问卷调研所收集数据的数量、速度以及准确性。本书主要采用发放回收调查问卷来获取第一手研究数据，数据回收后，为了确保回收数据的可靠性，本书进行了统计分析，根据统计分析的结果，对不符合研究要求的数据予以剔除。本研究所用的问卷是在构建理论框架后，对需要测量的变量在参考国内外已有成熟量表的基础上，结合城镇居民蔬菜消费行为的实际情况，自行设计了测量量表，量表中所有的变量都采用若干个维度来测量，每个维度形成问卷中的一个测量问题，所有需要测量的维度都使用了李克特五点量表进行打分。本研究的问卷设计过程主要分为如下几个步骤。

一是相关文献检索，主要是搜寻与本研究中的变量相关的测量量表。根据本研究最终预期要达成的目标，通过比较分析，在保证量表信度和效度的前提下，优先选用了国外研究成果中已经被证实有效或者相对成熟的测量维度。

二是咨询相关领域专家、学者，邀请他们对形成的初始问卷中的措辞、测量题项的内容等方面进行评价。在专家反馈回来意见后，对初始问卷中的一些测量题项进行调整、删改，以便获得科学性和实用性兼顾的问卷。

三是对初始问卷进行预测试。在形成初始问卷后，为了保证在实际调研中问卷的可行性和适用性，本研究进行了小样本预测试。小样本预测试工作分两部分进行。一方面，请身边的同事朋友对问卷进行填答，并要求他们对问卷的清晰性和测量题项的合理性提出改进意见；另一方面，请学生在节假日去菜市场随机发放问卷。

四是在预测试后，针对预测试的对象在调研过程中所提的意见，对问卷中的一些不合理之处做最后一次修改。最终形成了本书所用的调查问卷（见附录）。

本书研究所用问卷的内容，主要包括城镇居民的人口统计特征、生活习惯、知觉行为控制、行为态度、自我效能感、主观规范和城镇居民蔬菜消费意愿及消费行为等七部分。

第一部分是调研对象人口统计特征变量，其调研内容主要包括地区、职业、性别、年龄、婚姻状况、受教育程度、个人月收入、居民消费的蔬菜品种及购买渠道等9个题项，其中，地区的选项包括"华东""华南""华北""华中""西南""东北""西北"；性别的选项包括"男""女"；年龄选项包括"25岁以下""25~40岁""41~60岁""61岁以上"；受教育程度的选项包括"初中及以下""高中/中专""大学本科/专科""研究生"；婚姻状况的选项包括"是""否"；个人月收入的选项包括"3000元以下""3000~5000元""5000~7000元""7000~10000元""10000元以上"；职业的选项包括"工人""教师、医生或科技人员""商人""企业职员""其他"。除此之外,还包括与城镇居民蔬菜消费行为相关的两个题项,分别是蔬菜消费的品种和购买渠道。其中,消费品种的选项包括"白菜""芹菜""菠菜""甘蓝""香菇"等常见的18个品种。购买渠道的选项包括"超市""批发市场""菜场""网上"。

第二部分是对城镇居民蔬菜消费意愿和消费行为的调研。本研究中,消费意愿的测量维度,主要包括"居民消费蔬菜的可能性""居民推荐别人消费蔬菜的可能性""居民未来消费蔬菜的可能性"3个维度。量表一共包含3个测量题项,其中在调查时,1个题测项进行了反向设计。本研究中,消费行为的测量包括"蔬菜消费频率""蔬菜消费量"两个题测项。按照李克特五级计分法(Likert scale)进行设置,依次是"非常不同意""不太同意""一般""比较同意""非常同意",分别赋予1分、2分、3分、4分、5分。

第三部分是对生活习惯的调研。包括是否抽烟、喝酒和参加体育锻炼等3个测量题项,各题测项的测量方法与蔬菜消费意愿和蔬菜消费行为的测量方法一致,采用李克特五级计分方法。

第四部分是对城镇居民的蔬菜消费行为态度进行调研。主要包括对蔬菜的了解程度、对蔬菜质量的评价等4个测量题项,测量方法与蔬菜消费意愿和行为的测量方法相同。

第五部分是对居民主观规范的调研。主要包括被调查对象周围的亲戚朋友、偶像、医生等的行为对其蔬菜消费行为的影响等6个测量题项,测量方法与蔬菜消费意愿和行为的测量方法相同。

第六部分是对居民知觉行为控制的调查。主要包括消费蔬菜的便利性及其他障碍等5个测量题项,测量方法与蔬菜消费意愿和行为的测量方法相同。

第七部分是对居民自我效能感的调研。主要包括居民消费蔬菜的信心评价等4个测量题项,测量方法与蔬菜消费意愿和行为的测量方法相同。

3.2.2 小样本预测试

预测试中的调查问卷采用了纸质问卷,以人工发放为主,问卷填写方式为问卷调查人员与受访对象"面对面"沟通,现场直接填写,填写完毕后立即回收问卷。在受访对象填写问卷之前,问卷调查人员向受访对象详细介绍调研目的、数据用途及保密工作等相关情况,在填写过程中,问卷调查人员负责解释填写过程中受访对象的疑问,并鼓励受访对象填写内心真实答案。

在此过程中,我们共回收56份问卷,有效问卷50份,有效率约为89%。同时,也得到受访对象对问卷设计的一些建议,比如,结构设计、语义表达等。在回收了问卷后,对问卷收集的数据进行整理,并进行了信度检验和效度检验,具体结果见表3-3。

表3-3　　　　　　预调查问卷各变量信度

变量	题项数目	Cronbach's Alpha	变量	题项数目	Cronbach's Alpha
蔬菜消费意愿	3	0.905	主观规范	6	0.865
蔬菜消费行为	2	0.940	知觉行为控制	5	0.786
生活习惯	3	0.906	自我效能感	4	0.766
消费行为态度	4	0.819			

通常在进行问卷调查时,如果问卷的 Cronbach's α 值低于0.35,则说明该问卷的信度水平较低,问卷调研结果不可信,Cronbach's α 值为0.5,是实证研究可接受的最低信度,如果问卷的 Cronbach's α 值达到0.7以上,则属于高信度问卷,问卷的调研结果较可信。从表3-3中各维度结果可以看出,所有变量的 Cronbach's α 值以及整个问卷的 Cronbach's α 值都高于0.7,属于高信度,即初始问卷的信度较好。

因子分析是检验问卷效度的常用方法，在进行因子分析之前，还需要对测量量表的测量题项间的高度相关性进行检验，为此，有必要对问卷进行 Bartlett 球状检验，与此同时，还应结合 KMO 值来检验判别量表是否具有良好的净相关性。如果量表的 Bartlett 球状检验值的显著性水平小于 0.001，KMO 值大于 0.7，则说明测量量表适合做因子分析，从而可以实现一个因子表示多个测量维度的目的。通过对本研究的预测试数据进行主成分因子分析后发现，所有变量的 Bartlett 球形检验都达到 0.000 的显著性水平。蔬菜消费意愿的 KMO 值为 0.772，大于 0.7；消费行为的 KMO 值为 0.739，大于 0.7，生活习惯的 KMO 值为 0.750，大于 0.7，消费行为态度的 KMO 值为 0.811，大于 0.7，消费行为态度的 KMO 值为 0.707，大于 0.7，主观规范的 KMO 值为 0.776，大于 0.7，知觉行为控制的 KMO 值为 0.806，大于 0.7，自我效能感的 KMO 值为 0.792，大于 0.7。因此，预调查问卷的整体效度均比较理想。

从以上分析可以看出，小样本预测试整体的信度效度都表现良好，这主要是因为本研究所用量表的设计是基于前人成熟的研究基础上进行的，且调研的过程始终处于可控制状态。因此，对初始问卷中的各测量题项未进行修改，最终形成了正式的调查问卷。

3.2.3 研究样本与数据收集

本书的研究对象没有具体限制，研究的是城镇居民普遍性的蔬菜消费行为问题。由于本研究采用多元回归分析方法来处理数据，因此，需要大样本调查才能获得研究所需要的数据。为此，本研究的样本主要通过如下几个途径获取：一是从相关学校随机选择 100 位教职员工；二是安排学生利用节假日时间回到生源所在地城市进行走访调研，因为普通本科生对问卷调查的方式不熟悉，因此，在调研之前向他们提出了一些要求：问卷尽可能发放给愿意配合填写的人；选择了受访对象后，要实地发放，现场回收，保证回收率，每一个人只能发放1份问卷。这种方式获得了100份样本。三是随机选择了一些企业,对企业的员工进行调研,这种方式共获得了100份样本。四是随机选择了一些单位,对工作人员进行调研,这种方式共获得了100份样本。五是利用问卷星网站上的样本服务功能发放了调查问卷,这种方式共获得了200份样本。在调查前均向相关调查人员讲解了调查时的注意事项。

按照上述调查方式,总共发放了600份问卷,回收528份,其中,有效问卷466份,问卷回收率为88%,问卷有效率约为88%,已经基本满足本研究统计分析的要求。对变量测量题项中存在个别缺失值的问卷,如果不会显著影响最终统计结果,我们予以保留。对于调研对象的基本信息存在个别缺失值的问卷,在不影响基本信息统计结果的情况下,本研究未做特殊处理。另外,本书也对调查问卷的信度和效度进行了检验,具体检验结果见各实证研究章节。

3.3 调研对象的基本情况和城镇居民蔬菜消费行为的特征分析

3.3.1 调研对象的基本情况

(1) 调研对象的性别和年龄分布

本研究中调研对象的男女比例基本相当,在466份有效问卷中,男性235人,占全部调研对象的50.4%,女性231人,占全部调研对象的49.6%。调研对象的年龄分布比较均匀,各年龄层次所占比例大致相当,中青年占全部调研对象的52.6%,61岁以上的略少,具体分布如图3-3所示。

・第3章　城镇居民蔬菜消费行为的特征分析・

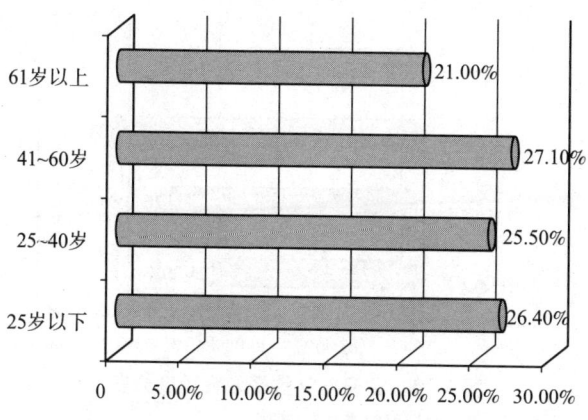

```
61岁以上    ████████████ 21.00%
41~60岁    ████████████████ 27.10%
25~40岁    ███████████████ 25.50%
25岁以下    ███████████████ 26.40%
          0   5.00% 10.00% 15.00% 20.00% 25.00% 30.00%
```

图3-3　调研对象的年龄分布

资料来源：作者根据调查资料整理计算而得。

（2）调研对象的受教育程度

一方面，城镇居民受教育程度高，则其获取信息、处理信息和学习的能力就较强，而人们的大部分行为都来源于学习，这种行为的学习既有经验上的学习又有概念上的学习；另一方面，城镇居民受教育程度越高，其判断识别能力就越强，对蔬菜的益处和作用就会有很强的评判能力，且受教育程度高的居民群体对环保和食品安全的认识较深，对蔬菜质量要求较为严格，比较看重蔬菜的营养价值和对慢性疾病的防治。

在本次调查中，调研对象的受教育程度比较高，大学本科/大专学历的调研对象最多，占全部调研对象的32.8%，研究生学历的调研对象最少，仅占19.8%，初中及以下学历的也有99人，占21.2%，其中，大学本科/专科及以上学历的调研对象多为青年人，这也说明经过多年的发展，中国高等教育取得了一定成绩。具体分布情况见图3-4。

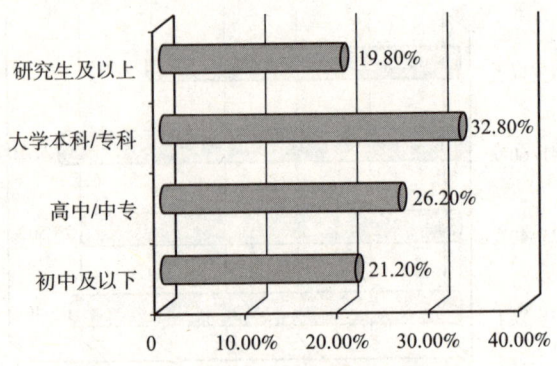

研究生及以上 19.80%
大学本科/专科 32.80%
高中/中专 26.20%
初中及以下 21.20%

图 3-4　调研对象的受教育程度分布

资料来源：作者根据调查资料整理计算而得。

(3) 调研对象的婚姻状况

本次调查中，调查对象的婚姻状况为已婚的占 51.1%，未婚的占 48.9%，两者的人数基本相当。具体分布情况如图 3-5 所示。

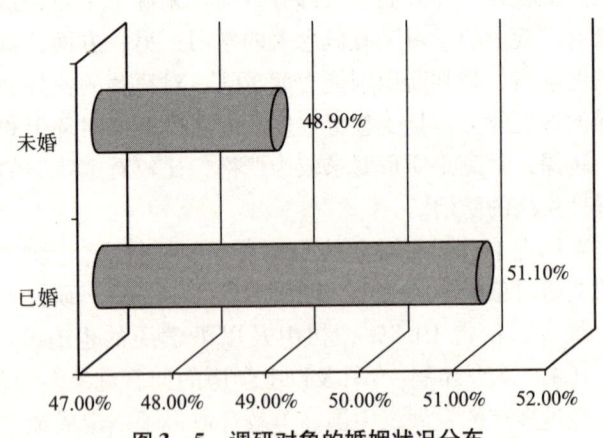

未婚 48.90%
已婚 51.10%

图 3-5　调研对象的婚姻状况分布

资料来源：作者根据调查资料整理计算而得。

(4) 调研对象的月收入

经济学的相关研究理论表明，一方面，商品的价值越高，城镇居民对商品的需求就越大，另一方面，城镇居民收入水平也会影响商品的需求状况。有研究表明，城镇居民的收入水平不仅会直接影响其消费心理，也会直接或间接影响其消费行为。城镇居民的任何消费行为都会取决于其收入状况，任何消费都必须以收入为基础，因此影响居民消费最重要的因素就是其收入水平。

在本次调研中，调研对象的月收入呈现明显的层次差别，月收入3000元以下者主要工人和年龄在25岁以下，61岁以上的城镇居民；月收入3000～5000元者主要为25～40岁的企业职员；月收入在5000～10000元的主要为教师、医生和科技人员；月收入10000元以上的主要为商人和企事业单位高层管理者。调查对象的月收入分布如图3-6所示。

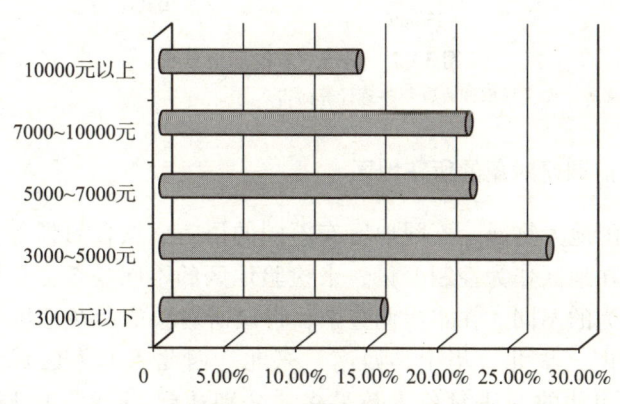

图3-6 调研对象的月收入

资料来源：作者根据调查资料整理计算而得。

(5) 调研对象的职业

职业导致了人们收入与社会地位的差异，职业不同的人们其收入也不一样,因此其社会地位也会千差万别,相同社会地位的人们就形成了同一个社会阶层。不同社会阶层的消费行为研究一直是理论界研究的重点,已有研究成果表明居民的消费习惯和消费行为受到其所处社会阶层的影响,不同社会阶层的居民,其消费习惯和消费行为也有显著不同。一般情况下,处在较高社会阶层的居民食品消费行为上更倾向于健康饮食。因此,本次调查也涉及了调查对象的职业。从本次调查来看,被调查者的职业分布较广,各种职业人员的数量大体相当,具有较大的代表性。具体分布情况如图 3-7 所示。

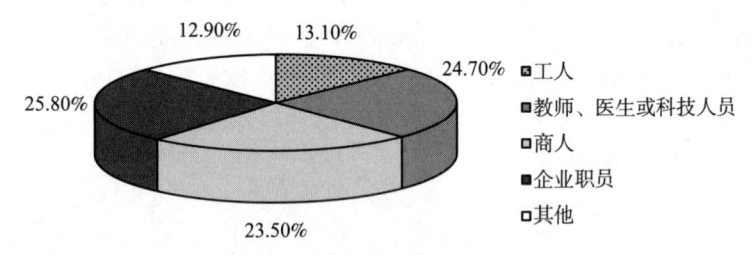

图 3-7 调研对象的职业分布

资料来源:作者根据调查资料整理计算而得。

(6) 调研对象的所在地区

中国地大物博,不同地区有不同的语言、饮食习惯等,本书拟将所在地区作为控制变量,来检验地区的不同是否会导致蔬菜消费行为的不同。在本次调查中,将调研对象的所在地区分为华东、华南、华北、华中、西南、东北、西北等七大区域,其中东北和华北的调研对象人数最多,分别达到 18.9% 和 18.2%,西北地区的调研对象人数最少,仅占 6.7%。具体分布情况见图 3-8。

第3章 城镇居民蔬菜消费行为的特征分析

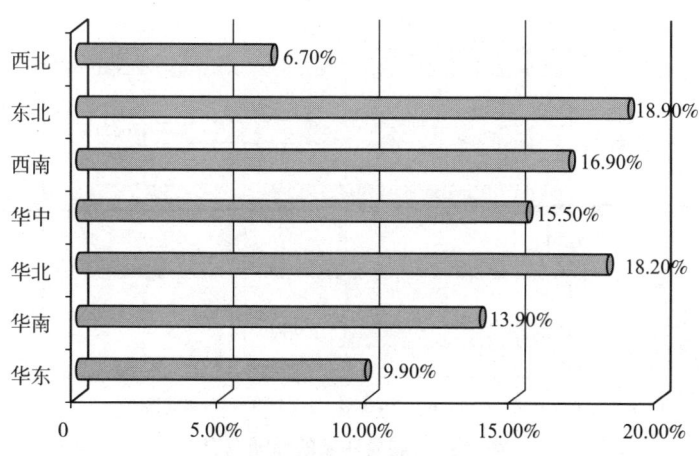

区域	比例
西北	6.70%
东北	18.90%
西南	16.90%
华中	15.50%
华北	18.20%
华南	13.90%
华东	9.90%

图3-8 调研对象的所在位置分布

资料来源：作者根据调查资料整理计算而得。

(7) 调研对象的生活习惯

生活习惯是指，个人由情趣、爱好和价值取向决定的生活行为的独特表现形式。在本书研究设计的问卷中，生活习惯主要用抽烟、喝酒和体育锻炼等习惯来衡量。通过调查发现，调研对象中完全不抽烟和偶尔抽烟的比例占到42.9%，抽烟的调研对象年龄多在40岁以上且受教育程度比较低的人群，说明政府近些年的控烟措施取得了一定的效果。完全不喝酒的比例仅为12.5%。而20.2%的调研对象每周都有2个小时以上的体育锻炼，其中，绝大多数受教育程度比较高、收入比较高的男性每周都从事2个小时以上的体育锻炼。具体分布情况见图3-9、图3-10、图3-11。

3.3.2 城镇居民蔬菜消费行为的特征分析

(1) 城镇居民对蔬菜消费的认知态度都较积极

消费行为态度是指，个人对消费行为所持的正面或负面的感觉

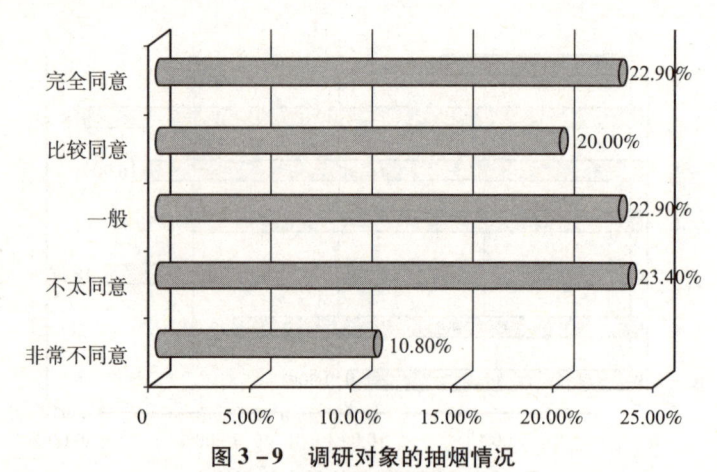

图3-9 调研对象的抽烟情况

选项	比例
完全同意	22.90%
比较同意	20.00%
一般	22.90%
不太同意	23.40%
非常不同意	10.80%

资料来源：作者根据调查资料整理计算而得。

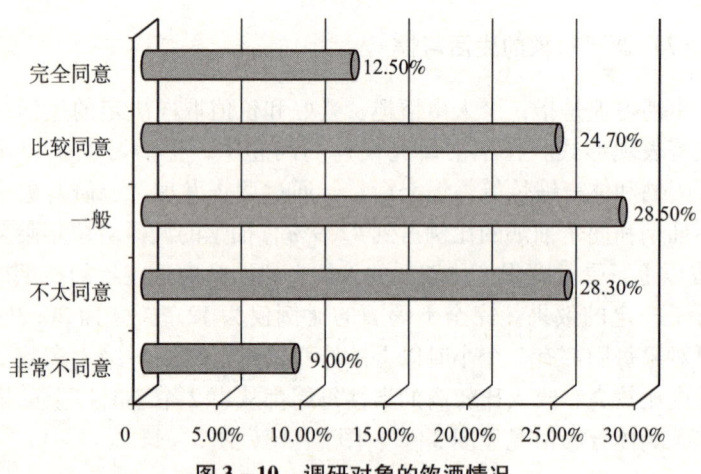

图3-10 调研对象的饮酒情况

选项	比例
完全同意	12.50%
比较同意	24.70%
一般	28.50%
不太同意	28.30%
非常不同意	9.00%

资料来源：作者根据调查资料整理计算而得。

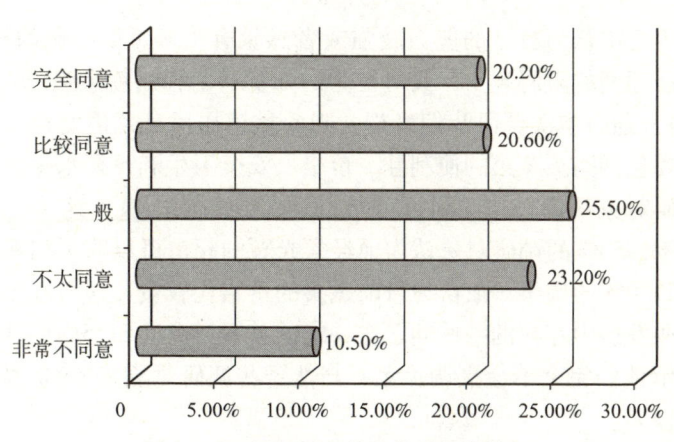

图 3-11 调研对象从事体育锻炼情况

资料来源：作者根据调查资料整理计算而得。

（Ajzen，1991）。在本次调研中，大多数调研对象都认为多吃蔬菜，身体会更健康，这一比例达到了 70.2% 以上。但是，可能因为近几年中国频繁出现食品安全事件，只有 66.3% 的调研对象认为所购买的蔬菜是安全卫生的，而 70.9% 的调研对象认为他们所购买的蔬菜是新鲜的，且这部分调研对象的年龄都在 40 岁以上，说明年轻人对蔬菜的认识还比较少，很难分辨蔬菜的新鲜程度。

（2）城镇居民的蔬菜消费行为主要受周围人和社会舆论的影响

蔬菜消费行为的主观规范是指，个人蔬菜消费行为所感受到的社会影响，包括周围人和社会舆论的影响等（Ajzen，1991）。从本次调研中可以发现，影响城镇居民蔬菜消费行为的外部环境主要有父母、朋友、所崇拜的偶像、舆论宣传和医生的建议等。

（3）城镇居民对蔬菜消费的预期阻碍适中

知觉行为控制是指，人们在行为之前，以过去的经验和自身的能力为基础对解决未来行为过程中可能遇到障碍的预期。如果人们在行为之前认为自己的能力较强或者感觉有很多可以把握的机会，则其所预期的阻碍越少，其对行为的知觉行为控制就愈强（Ajzen，1991）。通过本次调研我们发现，阻碍城镇居民蔬菜消费行为的因素主要包括购买蔬菜的便利性、价格、安全卫生和烹调水平。大部分调研对象认为，在家附近就可以购买到新鲜蔬菜，这一比例达70.8%，50%的调研对象认为他经常光顾的超市可以购买到新鲜蔬菜，53.8%的调研对象认为目前蔬菜的价格比较贵，这与近年来蔬菜产业发展中存在的一些问题有一定的关系，也有51.5%的调研对象表示他们完全不会烹调蔬菜，当然这些调研对象多为40岁以下的年轻人。

(4) 城镇居民对蔬菜消费的自我效能感较低

自我效能感是指，人们在开始某一行为前对自己能否完成这一行为所进行的推断与预测（Bandura，1997）。在本次调研中，31.3%的调研对象认为他们有信心每天都吃到500g蔬菜，40.2%的调研对象认为他们有信心学会做蔬菜食物，36%的调研对象认为他们有信心学会分辨其购买蔬菜的好坏，35.2%的调研对象认为他们有信心买到让他们满意的蔬菜。

(5) 城镇居民蔬菜消费意愿不高

本研究设计的调研问卷中，城镇居民蔬菜消费意愿的测量题项主要是参考了格兰滋等（Glanz et al.，1998）、诺伊马克-斯坦纳等（Neumark-Sztainer et al.，1999）、文卡特等（Venkatesh, et al.，2003）、Sniehotta等（2005）、贾纳·理查德（Jana Richert et al.，2010）和Lee（2011）等的研究成果，主要包括当前蔬菜消费意愿、未来蔬菜消费意愿和推荐别人消费蔬菜的意愿。在本次调研中可以发现，过半数的调研对象表示每天都想吃蔬菜，比例达52.6%，48.1%的调研对象经常向周围人推荐蔬菜消费，46.4%的调研对象都表示未来一年每天想要消费500g蔬菜，说明城镇居民的蔬菜消费意愿并不是很高。具体分布见图3-12、图3-13、图3-14。

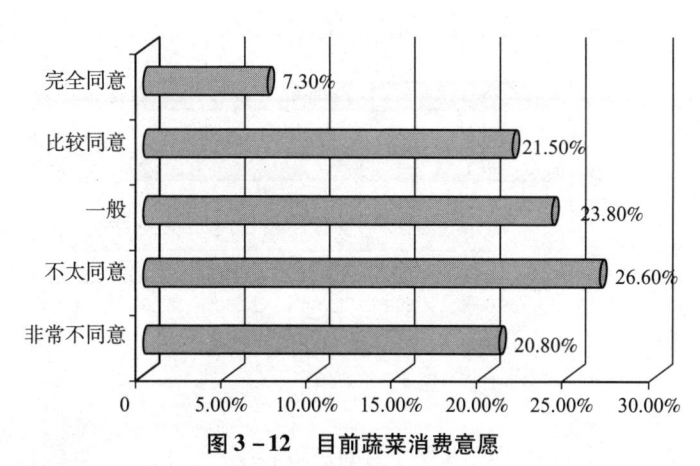

图 3-12 目前蔬菜消费意愿

- 完全同意：7.30%
- 比较同意：21.50%
- 一般：23.80%
- 不太同意：26.60%
- 非常不同意：20.80%

资料来源：作者根据调查资料整理计算而得。

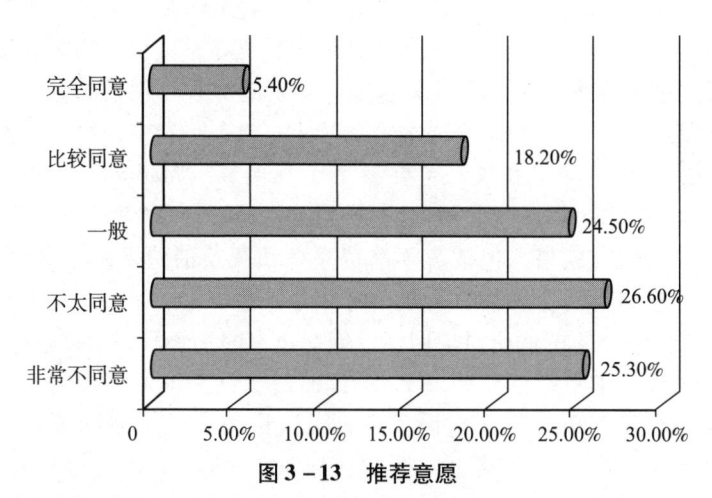

图 3-13 推荐意愿

- 完全同意：5.40%
- 比较同意：18.20%
- 一般：24.50%
- 不太同意：26.60%
- 非常不同意：25.30%

资料来源：作者根据调查资料整理计算而得。

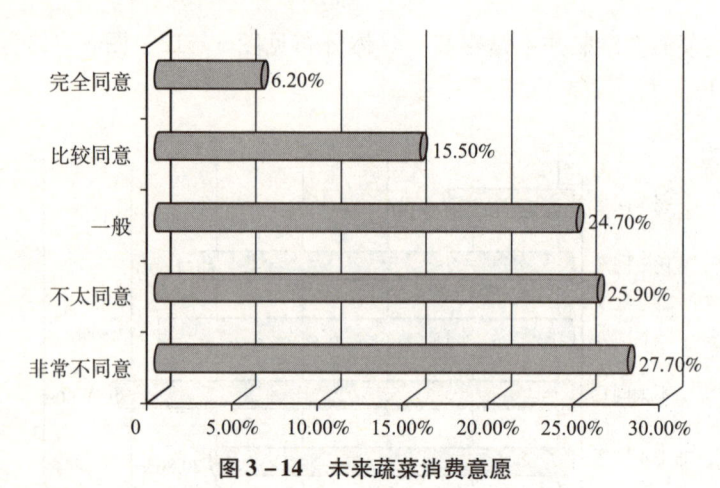

图 3-14 未来蔬菜消费意愿

资料来源：作者根据调查资料整理计算而得。

(6) 城镇居民蔬菜消费行为的总体特征

消费行为是指，组织或个人为了获得其工作和生活中所需要的各种生活资料和生产资料，有意识地采取搜寻、选择、购买和使用等活动的行为。这些行为主要包括，消费的品种、消费的地点、消费的数量、消费的费用等。本研究设计的调查问卷中，城镇居民蔬菜消费行为的测量题项，主要参考了马西森（Mathieson，1991）、巴特彻济（Battacherjee，2000）、靳明等（2008）、唐学玉等（2010）等学者的研究成果，包括蔬菜消费频率和蔬菜消费量两个题测项，另外，还包括消费蔬菜的品种和蔬菜购买地点两个问项。在本次调研中，仅有8%的调研对象回忆他们在过去的一个月每餐都吃蔬菜，至于蔬菜的消费量，只有2.6%的调研对象认为他们每天的蔬菜摄入量达到了500g。之所以设置蔬菜摄入量为500g，是因为营养专家建议中国成人的蔬菜摄入量应达到300～500g。以上分析表明，城镇居民蔬菜消费量和消费频率均较低。

调研对象经常消费的蔬菜品种，主要是生姜、蒜头、白菜、马铃薯、黄瓜、番茄、茄子、菠菜、萝卜、胡萝卜、蘑菇、大葱，比例分别达到 90%、85%、80%、79%、76%、75%、75%、72%、71%、70%、60%、60%。虽然超市在中国发展迅速,但目前城镇居民购买蔬菜的地点仍然首选菜市场,在本次调研中,这一比例达到了 45.2%,主要是因为菜场的蔬菜价格相对超市来说更便宜,蔬菜的品种更多,更新鲜,且购买方便。也有 18.2% 的调研对象选择在超市购买蔬菜,这一部分调研对象主要是收入较高的人群,他们看重的是超市购买的蔬菜更安全卫生这一因素。选择批发市场购买蔬菜的调研对象比例达到 28.9%,有 7.7% 的调研对象选择网上购买蔬菜,这是城镇居民购买蔬菜的新途径,当然因为蔬菜的特殊性,选择这种购买方式的人还比较少。具体分布见图 3-15。

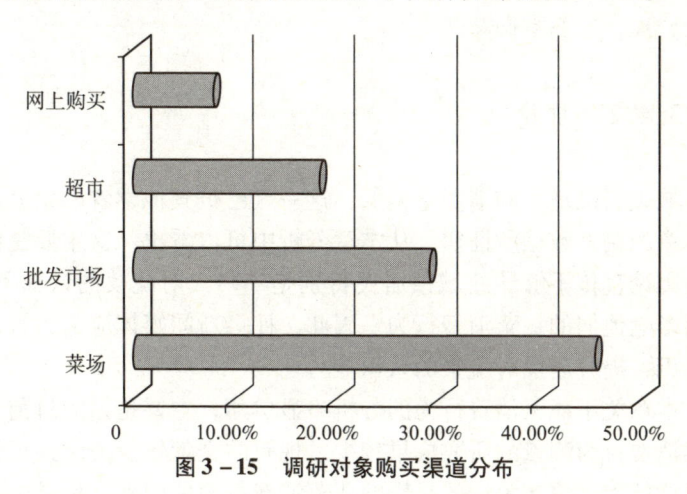

图 3-15 调研对象购买渠道分布

3.4 本章研究结论与讨论

3.4.1 本章研究结论

通过对城镇居民蔬菜消费行为的问卷调查发现:很大一部分城

镇居民了解蔬菜对身体的好处,且都表达了当前和未来消费蔬菜的意愿,但实际上,他们对蔬菜的消费频率和消费量都没有达到标准要求;城镇居民消费蔬菜的习惯主要受到父母、朋友、所崇拜的偶像、舆论宣传和医生建议的影响,也有一部分居民消费蔬菜的习惯受到周围其他人的影响;绝大多数的居民主要是在菜场购买蔬菜,随着电子商务的发展,也有部分居民在网上购买蔬菜,但比例较小;大部分城镇居民认为,目前蔬菜的价格比较贵,且对蔬菜的质量安全评价较低;绝大多数居民常吃的蔬菜主要有生姜、蒜头、白菜、马铃薯、黄瓜、番茄、茄子、菠菜、萝卜、胡萝卜、蘑菇、大葱;40 岁以下的年轻人对蔬菜的认知较少,很大一部分不会分辨蔬菜的好坏,不会烹调蔬菜。

3.4.2 讨论

城镇居民蔬菜的消费量偏低,这一点已被其他学者的研究成果和本章的调查数据所证实,从本章分析中可以看出,这主要是因为社会舆论宣传不够导致城镇居民特别是年轻人对蔬菜的认知不足,从而影响他们的蔬菜消费行为。因此,社会新闻媒体应大力宣传蔬菜知识,提升居民对蔬菜的认识能力。

本章关于蔬菜消费行为的分析略显单薄,主要是因为目前关于蔬菜消费行为测量的研究成果较少,现有的文献较少关注蔬菜消费的具体行为,更多关注的是影响蔬菜消费行为的因素,也是本书后续章节要探讨的重点。

第4章

城镇居民人口统计特征变量对蔬菜消费行为的影响分析

4.1 引言

医学方面的研究数据表明,蔬菜是预防癌症、高血压、糖尿病和心脏病等疾病的几种重要手段之一(Bazzano,2002;Appel,2003)。要预防人类第二大慢性疾病——癌症,就必须摄入蔬菜,这一点已被众多的研究所证实(Nishino,2000;Gerber,2002)。蔬菜富含维生素、矿物质、纤维素和植物化学物质,有证据表明,不是蔬菜中的某一种物质在预防慢性疾病的过程中起主要作用,而是蔬菜中的各种物质共同作用才能预防疾病(Messina,2001)。因此,专家建议成人每天应摄入蔬菜300~500g,这样才能保证对疾病的预防[中国居民膳食指南(2007)]。

近年来,中国居民癌症发病率呈逐年上升趋势(秦江梅等,2013)。而中国居民平均每天的蔬菜摄入量比西方发达国家居民每天的蔬菜摄入量要低(王旭峰,2014),这显然不利于心血管、癌症、糖尿病等中国高发慢性疾病预防工作的开展。因此，探讨城镇居民蔬菜消费行为的影响因素及其机制，进而提高城镇居民蔬菜的摄入量就很有必要。通过对已有文献的梳理可以发现，较少的国内学者认为中国具有不同人口统计特征（年龄、学历、地区等）的居民蔬菜消费行为是有差异的，但这些人口统计特征影响蔬菜消费行为的机制如何，目前还没有被证实。因此，本章在借鉴已有研究成果的基础上，重点研究城镇居民人口统计特征变量对蔬菜消费行为的影响机制。

4.2 人口统计特征变量对蔬菜消费行为影响的理论回顾与研究假设

4.2.1 本章研究的理论回顾

目前，关于人口统计特征变量与蔬菜消费行为之间关系的研究仍较少见，虽有一些这方面的研究，但这些研究主要是运用简单的描述性统计方法来加以分析的，研究所用的方法过于简单，而目前关于人口统计特征变量与消费行为之间的关系研究已较成熟，理论成果比较丰富。

比如，韦伯斯特（Webster，1975）认为，受过良好教育的人能较好地融入当地社区，遵守行为规范，并能以自己的行为影响周围人的行为。范（Van，1980）认为，年轻人、受教育程度高的人、收入较高的人更倾向于环保消费行为。黑伦汀（Herendeen，1981）通过对美国消费者统计调查数据的分析发现，家庭收入显著影响家庭能源需求。何志毅等（2004）运用问卷调查的实证研究方法，验证了人口统计变量与居民可持续消费行为意愿之间的关系，结果表明，女性、受教育程度高的居民、收入低的居民有比较高的可持续消费行为意愿。梅里赫（Merih，2004）采用神经网络模型对加拿大居民能源消费行为进行了研究，发现加拿大居民能源消费行为主要包括空间加热和生活热水等，因为高收入的家庭住宅一般都较大，需要使用更多的生活热水，所以高收入家庭能源使用得比较多，即收入与能源消费行为呈显著相关关系。埃莱妮（Eleni，2005）则认为，年龄与能源消费行为呈正相关关系。曼弗雷德（Manfred，2006）对印度、巴西、澳大利亚、丹麦等国的家庭能源消费行为进行了深入的研究，结果表明家庭主要成员的年龄正向影响家庭能源消费。王建明等（2007）采用问卷调查的方式，实证研究了城市居民的循环型消费行为及其影响因素，研究结果表明年龄越大的居民，循环型消费行为的倾向越明显，家庭人口较多的居民，循环型消费行为的倾向也较明显。辛（Sing，2009）也证实了女性、年龄大的居民、受教育程度高的居民以及高收入的居民更倾向于实施可持续消费行为。吴佩勋等（2007）对河北省农村连锁商店的居民消费行为进行了研究，结果表明，人口统计特征变量显著影响农村居民的消费动机和商店特征偏好。王蕾等（2010）认为，大学生普遍存在低碳消费意识淡薄的现象，且普遍存在浪费能源等消费行为。龙江智等（2012）通过对全国15个城镇的2500名居民的抽样调查研究，发现人口统计特征显著影响旅游者的旅游模式。华坚等（2013）选择江苏省南京市525个家庭作为研究样本，运用实证研究方法进行研究，发现城市居民的年龄、收入、婚姻状况、家庭规模、家庭结构等显著影响其低碳产品消费行为。

通过对以上文献的梳理可以发现，人口统计特征显著影响人们的消费行为，但人口统计特征变量影响城镇居民蔬菜消费行为的研究成果则较少见。

4.2.2 本章的研究假设

在一般情况下，人们行为意愿的具体表现和行动就是其所采取的行为，行为意愿是影响人们行为的最直接原因，人们的年龄、性别、受教育程度等个体特征会影响其信念、规范等进而影响人们的行为意愿与行为（Fishbein et al.，1974；Bandura，1977；Ajzen，1991）。基于此，本章的城镇居民人口统计特征对蔬菜消费行为的影响机制，是城镇居民的人口统计特征变量影响其蔬菜的消费意愿，进而影响其蔬菜消费行为，这一分析的理论模型如图4-1所示。具体研究假设如下。

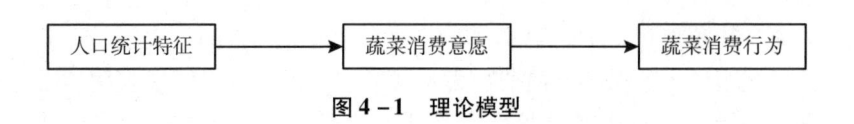

人口统计特征 → 蔬菜消费意愿 → 蔬菜消费行为

图4-1 理论模型

不同性别的城镇居民在消费行为中的目标选择上有较大差异，由此会导致其消费动机的差异（Melnyk et al.，2009）。男性居民在消费时往往呈现出冲动性的消费行为，购买商品时一般都没有耐性（Hafstrom et al.，1992），且男性在社会经济活动中往往承担着主力军的角色，导致其每天的体力消耗较大，为了维持每天的体力消耗，男性在饮食方面往往不会考虑食品的营养价值和营养搭配，他们会优先选择能提供较大能量的肉类食品，而忽略蔬菜；女性居民比男性居民更懂得享受生活，更注重养生，希望自己的身材苗条，因此她们更青睐绿色食品，往往会选择低脂肪、低胆固醇、富有多种营养的食品，也导致许多女性居民往往选择蔬菜作为她们日常饮食的主要食物（裴国洪，2006）。已有的实证研究也证实，性别的差异会影响消费者的消费意愿和行为（Patterson et al.，1991；Sorensen et al.，1998；Drewnowski et al.，1998；Serdula et al.，2004）。最近十年的研究也表明，女性居民因为有更多的营养知识，所以她们更多地消费蔬菜（Baker，Wardle，2003；Westenhoefer，2005；Blanck et al.，2008）。由此，提出如下假设：

假设 4-1a：不同性别的城镇居民在蔬菜消费行为上有显著的差异。

假设 4-1b：不同性别的城镇居民在蔬菜消费意愿上有显著的差异。

不同年龄的城镇居民在消费意愿与行为上有较大的差异。加奥 (Gao, 1993) 采用因素分析方法对消费者的橙汁消费意愿和行为进行了研究，研究结果表明，消费者的年龄会影响其橙汁的消费意愿和行为；比索哥尼（Bisogni, 2002）认为，第二次世界大战期间出生的居民蔬菜消费量比其他人少。诺伊马克（Neumark, 2003）在对青年人水果和蔬菜的消费行为进行研究后发现，青年人更愿意消费肉类食品；张小霞等（2006）在研究消费者绿色大米的消费行为时发现，消费者的年龄显著影响了其对绿色大米的消费认识和行为；罗丞（2010）采用计划行为理论分析了厦门市居民对安全食品的消费意愿，在人口统计特征变量中，只有消费者的年龄和收入显著影响其对安全食品的消费意愿。事实上，不同年龄段的城镇居民对世界的认识是有显著差异的，年长的城镇居民从养生防病的角度出发，在饮食消费上更倾向于蔬菜，而青年人因为活动量大，消耗也大，其在饮食消费意愿上可能更倾向于能提供大量能量的食物。由此，提出如下假设：

假设 4-2a：不同年龄的城镇居民在蔬菜消费行为上有显著差异。

假设 4-2b：不同年龄的城镇居民在蔬菜消费意愿上有显著差异。

在社会学和文化学的研究范畴内，消费是消费主体区分趣味、建构意义、进行文化分类以及社会关系再生产的过程（Moschis et al., 1978）。受教育程度比较高的居民拥有良好的教育背景，这会影响其对世界、对社会的看法，他们更注重生活品位和工作乐趣。因此，受教育程度高的居民的消费意愿和行为，在大多数时候都会打上其所受教育和文化的印记。在饮食方面，一般城镇居民更多的是考虑吃饱和吃好，而受教育程度高的居民除此之外，还会考虑吃什么以及怎么吃的问题，他们除了要吃好外，还会考虑如何才能吃得营养和科学（Wang et al., 2009）。而且，受教育程度比较高的居民信息获取的渠道和途径比较多，可以更容易地了解蔬菜的营养价值和合理膳食的重要性等方面的信息，因此，他们更容易形成消费蔬菜的意愿或行为。由此得出如下假设：

假设4-3a：受教育程度正向影响城镇居民蔬菜消费行为。

假设4-3b：受教育程度正向影响城镇居民蔬菜消费意愿。

许多关于消费行为的研究成果中，都提到了婚姻状况与消费行为的关系。比如，克拉特（Kratt，2000）在运用实证方法研究居民家庭的水果蔬菜消费行为时，发现已组建家庭的居民比单身的居民更倾向于消费蔬菜。理查德（Richard，2005）在研究非洲裔美国人的蔬菜消费行为时，先构建了包括婚姻状况在内的人口统计特征变量的影响机制模型，在运用调查数据对模型进行检验后，发现其他人口统计特征变量对非洲裔美国人蔬菜消费行为的影响不显著，而婚姻状况对其消费行为的影响较显著。王梦怡等（2014）运用问卷调查方式研究了新生代农民工消费行为及其影响因素，研究结果表明婚姻状况对新生代农民工的食品、娱乐等消费行为都有一定的影响。事实上，从逻辑上来说，已婚居民一般是两个人一起消费食物，需要的食物较多，因此，他们更注重膳食结构的合理性，而单身居民在选择食品消费时，一般是在不浪费的前提下，优先选择能维持身体日常消耗的食物，即他们一般会选择肉类食物而忽略蔬菜。由此，得出如下假设：

假设4-4a：婚姻状况显著影响城镇居民蔬菜消费行为。

假设4-4b：婚姻状况显著影响城镇居民蔬菜消费意愿。

任何人的消费行为都会受到收入的约束，因此，在研究消费行为的影响因素时，收入对消费行为的影响一直是经济学、管理学研究的主题。经济学中的经典消费行为理论都把收入作为影响消费行为的重要变量，而其他学科也有所涉及。品斯特朗普（Pinstrup，

1978) 通过对美国人口消费数据的分析发现，收入显著影响居民的食物消费和营养水平。李（Lee，1986）对美国居民家庭食物消费行为进行了研究，得出了家庭收入对外出就餐的意愿有显著正向影响的结论。琼斯（Jones，1996）在对不同收入群体的早餐消费情况进行分析后，指出高收入群体和低收入群体的早餐消费行为存在显著差异。贝特（Bertail，2008）研究了法国六个不同群体居民的水果和蔬菜消费行为，发现高收入居民更愿意消费水果和蔬菜。综合以上分析可以发现，无论是经济学还是其他学科的研究，都证实了收入会影响消费意愿和行为。由此，得出如下假设：

假设 4-5a：收入显著影响城镇居民的蔬菜消费行为。

假设 4-5b：收入显著影响城镇居民的蔬菜消费意愿。

计划行为理论认为，所有可能影响行为的因素都是经由行为意愿来间接影响行为的表现（Ajzen，1991）。克雷伯斯—史密斯（Krebs-Smith，1995）在研究社会心理因素对水果和蔬菜消费行为的影响时，也认为蔬菜消费意愿是社会心理因素影响蔬菜消费行为的中介变量。库克（Cook，2002）在研究转基因食品的消费行为时，也将转基因食品的消费意愿作为中介变量。博热（Bogers，2004）也运用计划行为理论对荷兰居民水果和蔬菜的消费行为进行了研究。布兰彻（Blanchard，2009）也认为，消费意愿显著影响消费行为。国内学者在研究消费行为时，也基本上是以阿耶兹（Ajzen）所提出的计划行为理论为框架，也都认为各种因素先影响行为意愿，进而间接影响行为（吴淑莺等，2006；刘宇伟，2008；靳明，2008；唐学玉等，2010；金晓彤等，2015）。由此，得出如下假设：

假设 4-6：城镇居民蔬菜消费意愿显著影响其消费行为。

假设 4-7：蔬菜消费意愿在人口统计特征变量与城镇居民蔬菜消费行为关系之间起到中介作用。

4.3 人口统计特征变量对蔬菜消费行为影响的研究设计与数据分析结果

4.3.1 人口统计特征、消费意愿和消费行为等变量的确定与测量

本章所涉及的变量主要有性别、年龄、受教育程度、婚姻状况、收入、蔬菜消费意愿和蔬菜消费行为。其中，性别、年龄、受教育程度、婚姻状况和收入属于人口统计特征变量，是显变量，可以直接测量。而蔬菜消费意愿和消费行为属于潜变量，需要测量。

性别变量分为"男""女"，在录入数据时，0表示"男"，1表示"女"，年龄变量是多分类变量，不能直接放入模型，应引入虚拟变量，在录入数据时，分别引入年龄1、年龄2、年龄3等三个虚拟变量，年龄1变量取值1表示"25岁以下"，0表示"其他"，年龄2变量取值1表示"25~40岁"，0表示其他，年龄3变量取值1表示"41~60岁"，0表示其他，婚姻状况变量分为"已婚"和"未婚"两类，在录入数据时，0表示"未婚"，1表示"已婚"，收入变量因为是五分类变量，与李克特五点量表相符，因此，直接用1、2、3、4、5分别表示"3000元以下""3000~5000元""5000~7000元""7000~10000元""10000元以上"，受教育程度是多分类变量，不能直接放入模型，应引入虚拟变量，在录入数据时，分别引入受教育程度1、受教育程度2、受教育程度3等三个虚拟变量，受教育程度1变量取值1表示"初中及以下"0表示"其他"，受教育程度2变量取值1表示"高中/中专"，0表示其他，受教育程度3变量取值1表示"大学本科/专科"，0表示其他。

第4章 城镇居民人口统计特征变量对蔬菜消费行为的影响分析

在已有文献中，对消费意愿的测量主要是使用消费者消费某种商品的可能性这一维度（Glanz et al.，1998；Neumark - Sztainer et al.，1999；Sniehotta et al.，2005；唐学玉等，2010；Lee，2011），也有学者用消费者未来购买商品的可能性来测量消费意愿（Coyle，2001）。但只用一个维度来测量并不能多方面衡量城镇居民的蔬菜消费意愿，因此，本研究中消费意愿的测量在综合前人研究成果的基础上，使用居民消费蔬菜的可能性、居民推荐别人消费蔬菜的可能性和居民未来消费蔬菜的可能性三个维度来测量城镇居民蔬菜消费意愿，采用李克特的5级量表来测量，选项分别为"非常不同意""不太同意""一般""比较同意""非常同意"，分别赋予1、2、3、4、5分。

关于消费行为的测量，已有大多数研究成果一般都使用消费频率和消费量或消费费用两个维度来测量消费行为（Mathieson，1991；Battacherjee，2000；靳明等，2008；唐学玉等，2010）。虽然本书定义的消费行为还包括消费品种、消费地点等，但鉴于以往研究的合理性以及蔬菜这一消费品的特殊性，本研究中城镇居民蔬菜消费行为的测量维度包括蔬菜消费的频率和消费量等，采用李克特的5级量表来测量，选项分别为"非常不同意""不太同意""一般""比较同意""非常同意"，分别赋予1分、2分、3分、4分、5分。蔬菜消费意愿和蔬菜消费行为变量的测量维度、测量题项及参考来源见表4-1。

表4-1 变量测量维度

变量	维度	测量题目	参考来源
蔬菜消费意愿	居民消费蔬菜的可能性	我每天都想吃蔬菜	文卡特等（Venkatesh et al.，2003）、格兰滋等（Glanz et al. 1998）、诺伊马克-斯坦纳等（Neumark - Sztainer et al.，1999）、（Sniehotta等2005）、Lee（2011）
	居民推荐别人消费蔬菜的可能性	我经常推荐周围的人吃各种蔬菜	
	居民未来消费蔬菜的可能性	未来一年内我都想吃蔬菜	

续表

变量	维度	测量题目	参考来源
蔬菜消费行为	蔬菜消费频率	在过去的一个月内，我每一餐都吃蔬菜	马西森（Mathieson, 1991）、巴特彻济（Battacherjee, 2000）、靳明等（2008）、唐学玉等（2010）
	蔬菜消费量	在过去的一个月内，我平均每天吃500g蔬菜	

此外，本章研究中还选取了地区和职业等变量作为控制变量。

调查问卷的形成及调研过程，在第3章已加以说明，这里不再赘述。

4.3.2 数据分析与处理结果

在回收调查问卷后，本书先对回收问卷所得到的数据进行了汇总整理。数据汇总整理之后，需要分析汇总整理数据的信度和效度。信度一般是指，随机误差R影响观测值的程度，而数据的另一种误差——系统误差一般不会影响数据的信度，因为系统误差对观测值的影响总是以相同的方式进行，所以不会导致数据的内部不一致性。信度是对回收数据的一致性、稳定性及可靠性进行检验，要检验数据的信度必须要分析数据的内部一致性，内部一致性越好，信度系数越高，而信度系数越高，则回收数据就越可靠、稳定与一致，因此，信度检验主要是计算随机误差R值。如果R=0，就可以认为通过该问卷回收的数据是完全可信的。效度是指测量问卷的有效性，具体来说，效度就是指，用来测量的量表能否准确反映出测量对象的实际情况，即测量量表所测量出来的结果是否与测量对象的实际情况相符，测量量表所测量出来的结果与测量对象的实际情况越相符，则测量量表的效度就越高，越不相符，测量量表的效度就越低。

(1) 信度检验

信度检验一般用 Cronbach α 信度系数来测量，这是目前最常用的测量信度系数的方法，适合测量意见、态度式问卷（量表）的信度。通过量表回收的数据 Cronbach α 信度系数在 0.8 以上，表示该量表的信度较好，Cronbach α 信度系数在 0.7~0.8，表示该量表的信度可以接受。与此同时，还要计算分量表的 Cronbach α 信度系数，如果分量表的信度系数在 0.7 以上，就说明分量表的测量信度较好，在 0.6~0.7，说明分量表还是可信的。如果 Cronbach's alpha 信度系数低于 0.6，则研究者就应考虑重新编制问卷。

表 4-2 是本章研究调研数据的 Cronbach's α 值。从表 4-2 可以看出，蔬菜消费意愿变量用 3 项指标来测量，Cronbach's α 值为 0.908；消费行为变量用两项指标来测量，Cronbach's α 值为 0.832，且问卷的整体信度 Cronbach's α 值为 0.863，说明本研究所用的问卷有较好信度。

表 4-2　　　　　　　　信度检验数值

构念	观测项	Cronbach's α
消费意愿（CI）	CI1	0.908
	CI2	
	CI3	
消费行为（CB）	CB1	0.832
	CB2	

(2) 效度检验

效度检验主要采用的是，主成分因子分析方法，运用因子分析法判断效度的标准是：各变量测量维度的因子载荷应超过 0.5，最好超过 0.7，且每个变量的平均方差提取数最好超过 0.5。

表4-3、表4-4、表4-5是各变量的KMO和Bartlett球状检验值、因子载荷值和平均方差提取数值,本研究中因子分析按照主成分分析法中因子特征值大于1的标准进行。其中,消费意愿变量的题测项提取的1个因子解释的总方差为84.446%,其3个测量题测项的取样足够度数值是0.743,Bartlett的球状度检验近似卡方值是949.158(df为3,p为0.000),适合做因子分析;消费行为变量的题测项提取的1个因子解释的总方差为85.614%,而两个题测项的取样足够度值为0.605,虽然低于0.7的最好标准,但因为Bartlett的球形度检验近似卡方值为328.133(df为1,p为0.000),显著性较好,因此也适合做因子分析。表4-5是消费意愿的3个题测项和消费行为的2个题测项一起做因子分析的各维度的因子负荷(factor loading)和平均方差提取数(average variance extracted,AVE),从表4-5中可以看出,最终5个题测项析出了2个因子,且所有测量项的因子载荷均超过0.7,即各题测项能很好地测量出变量的基本情况。另外,2个变量测量维度的平均方差提取数分别为0.826、0.835,都达到了有效标准(AVE>0.5)。通过以上分析,可以说明本研究所用测量问卷的聚合效度较好。

表4-6中给出的是调查样本中变量与变量之间的协方差及相应变量的平均方差提取数AVE,从表4-6中所列的数值可以看出,变量与其他任何一个变量的协方差均小于该变量的平均方差提取数AVE,因此,本研究所用的问卷有较好的区分效度。

表4-3　　　消费意愿的KMO和Bartlett球状检验值

取样足够度的度量		0.743
Bartlett的球形度检验	近似卡方	949.158
	df	3
	Sig.	0.000

第4章 城镇居民人口统计特征变量对蔬菜消费行为的影响分析

表 4-4　　　　消费行为的 KMO 和 Bartlett 球状检验值

取样足够度的度量		0.605
Bartlett 的球形度检验	近似卡方	328.133
	df	1
	Sig.	0.000

表 4-5　　　　　　　聚合效度检验数值

构念	观测项	因子负荷	平均方差提取（AVE）
消费意愿（CI）	CI1	0.921	0.826
	CI2	0.927	
	CI3	0.878	
消费行为（CB）	CB1	0.943	0.835
	CB2	0.883	

表 4-6　　　　　　　区分效度检验数值

	CI	CB
消费意愿（CI）	**0.826**	
消费行为（CB）	0.297	**0.835**

注：表中黑体数字为各个构念的 AVE 数值。

（3）假设检验

在运用 SPSS 21.0 对数据进行回归分析之前，本研究做了 Anova 方差分析以检验回归模型整体的显著性，从表 4-7、表 4-8、表 4-9、表 4-10、表 4-11、表 4-12 中可以看出本研究中所有回归模型的显著性均达到了 0.000 的水平，说明各自变量对因变量存在显著的影响，且各变量 VIF 值均在 10 以下，说明变量间不存在多重共线性。

表 4-7　　　　　　　　　　模型 4-1 Anova^a

模型		平方和	df	均方	F	Sig.
4-1	回归	4.926	2	2.463	2.479	0.085^b
	残差	460.074	463	0.994		
	总计	465.000	465			

注：a. 因变量：消费行为。
　　b. 预测变量：(常量)，地区，职业。

表 4-8　　　　　　　　　　模型 4-2 Anova^a

模型		平方和	df	均方	F	Sig.
4-2	回归	241.028	11	21.912	44.416	0.000^b
	残差	223.972	454	0.493		
	总计	465.000	465			

注：a. 因变量：消费行为。
　　b. 预测变量：(常量)，地区，职业，性别，年龄1，年龄2，年龄3，收入，受教育程度1，受教育程度2，受教育程度3，婚姻状况。

表 4-9　　　　　　　　　　模型 4-3 Anova^a

模型		平方和	df	均方	F	Sig.
4-3	回归	5.134	2	2.567	2.584	0.077^b
	残差	459.866	463	0.993		
	总计	465.000	465			

注：a. 因变量：消费意愿。
　　b. 预测变量：(常量)，地区，职业。

表 4-10　　　　　　　　　　模型 4-4 Anova^a

模型		平方和	df	均方	F	Sig.
4-4	回归	384.387	11	34.944	196.801	0.000^b
	残差	80.613	454	0.178		
	总计	465.000	465			

注：a. 因变量：消费意愿。
　　b. 预测变量：(常量)，地区，职业，性别，年龄1，年龄2，年龄3，收入，受教育程度1，受教育程度2，受教育程度3，婚姻状况。

第4章 城镇居民人口统计特征变量对蔬菜消费行为的影响分析

表4-11　　　　　　　　　模型4-5 Anova[a]

模型		平方和	df	均方	F	Sig.
4-5	回归	44.609	3	14.870	16.341	0.000[b]
	残差	420.391	462	0.910		
	总计	465.000	465			

注：a. 因变量：消费行为。
　　b. 预测变量：(常量)，地区，职业，消费意愿。

表4-12　　　　　　　　　模型4-6 Anova[a]

模型		平方和	df	均方	F	Sig.
4-6	回归	241.583	12	20.132	40.820	0.000[b]
	残差	223.417	453	0.493		
	总计	465.000	465			

注：a. 因变量：消费行为。
　　b. 预测变量：(常量)，地区，职业，性别，年龄1，年龄2，年龄3，收入，受教育程度1，受教育程度2，受教育程度3，婚姻状况，消费意愿。

表4-13是控制变量、人口统计特征变量、蔬菜消费意愿与蔬菜消费行为的具体回归结果，其中，模型4-1是控制变量地区和职业对消费行为的回归模型。从中可以发现，控制变量对因变量的影响均不显著；模型4-2是加入了自变量性别、年龄1、年龄2、年龄3、收入、受教育程度1、受教育程度2、受教育程度3、婚姻状况的回归模型，用来检验城镇居民人口统计特征变量与蔬菜消费行为的主效应关系，从表4-13中可以看出，性别、年龄1、年龄2、年龄3、受教育程度1、受教育程度2、受教育程度3、婚姻状况、收入等变量与城镇居民蔬菜消费行为的回归系数分别为0.287、0.435、0.470、0.436、0.386、0.433、0.448、0.240、0.179，P值均小于0.001，结果表明，性别、年龄、收入、受教育程度和婚姻状况显著影响城镇居民的蔬菜消费行为，即男性城镇居民、25岁以下城镇居民、低收入城镇居民、受教育程度较低的城镇居民和未婚的

城镇居民比其他居民较少消费蔬菜。实证结果表明，假设4-1a、假设4-2a、假设4-3a、假设4-4a、假设4-5a得到了验证。模型3是控制变量对蔬菜消费意愿的回归模型。模型4是性别、年龄1、年龄2、年龄3、收入、受教育程度1、受教育程度2、受教育程度3、婚姻状况与蔬菜消费意愿的关系模型，从表4-13中可以看出，性别、年龄1、年龄2、年龄3、受教育程度1、受教育程度2、受教育程度3、婚姻状况、收入等变量与城镇居民蔬菜消费意愿的回归系数，分别为0.093、0.163、0.156、0.175、0.091、0.125、0.111、0.051、0.891，除婚姻状况外，其他变量的P值均小于0.001，数据分析结果表明，性别、年龄、收入、受教育程度显著影响城镇居民的蔬菜消费意愿，婚姻状况也影响城镇居民的蔬菜消费意愿，但影响的显著性比其他变量小。实证结果表明，假设4-1b、假设4-2b、假设4-3b、假设4-4b、假设4-5b得到了验证。模型5是城镇居民蔬菜消费意愿与蔬菜消费行为的关系模型，结果表明城镇居民蔬菜消费意愿与蔬菜消费行为之间存在正相关关系（$\beta = 0.294$，$p < 0.001$），即城镇居民蔬菜消费意愿越强烈，就会更多地采取蔬菜消费行为，实证结果表明假设4-6得到了验证。

本章在假设4-7中提出，蔬菜消费意愿在人口统计特征变量与城镇居民蔬菜消费行为之间起到中介作用。要验证理论模型中变量的中介作用，大部分学者都参考巴伦和肯尼（Baron, Kenny, 1986），提出的验证方法，本章的研究也应用该方法来验证消费意愿的中介作用。巴伦和肯尼（Baron, Kenny）认为，要验证变量的中介作用，必须：一是因变量的变化能显著地被自变量解释；二是中介变量的变化能显著地被自变量解释；三是因变量的变化能显著地被中介变量解释；四是当中介变量和自变量一起加入回归模型后，自变量对因变量的解释作用消失或减少。影响作用消失，表明是完全中介，影响作用减少，表明是部分中介。从表4-13中可以看出，前三个条件已得到满足，为满足第四个条件，我们将性别、年龄、收入、年龄1、年龄2、年龄3、受教育程度1、受教育程度

2、受教育程度3、婚姻状况等人口统计特征变量、城镇居民蔬菜消费意愿与蔬菜消费行为一起进行回归，得到回归模型6。从表4-13中可以看出，将城镇居民蔬菜消费意愿加入回归模型后，自变量性别、年龄1、年龄2、年龄3、受教育程度1、受教育程度2、受教育程度3、婚姻状况等人口统计特征变量对蔬菜消费行为的影响减少，而收入对蔬菜消费行为的影响消失。因此，可以认为蔬菜消费意愿在性别、年龄、受教育程度、婚姻状况等人口统计特征变量与城镇居民蔬菜消费行为之间起到了部分中介的作用，在收入与城镇居民蔬菜消费行为之间起到完全中介的作用。即性别、年龄、受教育程度、婚姻状况等人口统计特征变量，既可以经由蔬菜消费意愿来对城镇居民蔬菜消费行为产生影响，也可以直接影响蔬菜消费行为，而收入必须通过影响城镇居民蔬菜消费意愿进而间接影响蔬菜消费行为。实证结果表明，假设4-7得到了验证。

表4-13　　　　　　　　回归结果

| | 变量 | 消费行为 | | 消费意愿 | | 消费行为 | |
		模型(4-1)	模型(4-2)	模型(4-3)	模型(4-4)	模型(4-5)	模型(4-6)
控制变量	常数项	0.004	-2.587	0.277	-2.719***	-0.077	-2.361
	地区	-0.043	-0.017	-0.104	-0.004	-0.046	-0.016
	职业	0.055	0.047	-0.109	0.029	0.074	0.044
自变量	性别		0.287***		0.093***		0.280***
	年龄1		0.435***		0.143***		0.416***
	年龄2		0.470***		0.156***		0.457***
	年龄3		0.436***		0.175***		0.422***
	受教育程度1		0.386***		0.091***		0.379***
	受教育程度2		0.433***		0.125***		0.423***
	受教育程度3		0.448***		0.111***		0.439***
	婚姻状况		0.240***		0.051**		0.236***
	收入		0.179***		0.891***		0.083

续表

变量		消费行为		消费意愿		消费行为	
		模型(4-1)	模型(4-2)	模型(4-3)	模型(4-4)	模型(4-5)	模型(4-6)
中介变量	消费意愿					0.294***	0.105**
	F	2.479	44.416***	2.584	196.801***	16.341***	40.820***

注：**、***表示 $p<0.05$、$p<0.001$；表中所示为标准化系数，模型中没有出现城镇居民蔬菜消费意愿和蔬菜消费行为等变量的测量维度，主要是因为本章是对变量的整体效应进行研究，没有研究各维度的效应。

4.4 人口统计特征变量对蔬菜消费行为影响的实证研究结果的讨论

性别、年龄等人口统计特征变量对消费行为有显著影响，这一点已被大量文献所证实，但关于人口统计特征变量对城镇居民蔬菜消费行为的影响研究则较少，国外一些学者研究了人口统计特征变量对居民蔬菜消费行为的影响，国内则较少有学者系统地研究人口统计特征对城镇居民蔬菜消费行为的影响，且这些国内外研究主要采用描述性统计分析方法和方差分析方法，没有阐明人口统计特征对城镇居民蔬菜消费行为的影响机制。本章运用多元回归方法系统地研究了人口统计特征对城镇居民蔬菜消费行为的影响及其机制，研究结果表明城镇居民的蔬菜消费行为与性别、年龄、婚姻状况、受教育程度、收入状况密切相关。具体来说，城镇居民中，男性居民、年龄较轻的居民、未婚居民的蔬菜消费意愿一般较低，因此，其蔬菜的消费频率和消费量都低于其他居民。更进一步地，低收入和受教育程度较低的城镇居民蔬菜消费意愿和蔬菜消费行为也远低于高收入和受教育程度较高的城镇居民的蔬菜消费意愿和蔬菜消费行为。

第4章 城镇居民人口统计特征变量对蔬菜消费行为的影响分析

国外一些学者分析了性别、年龄、婚姻状况、受教育程度、收入等人口统计特征变量影响居民蔬菜消费意愿和消费行为的原因（Baker et al.，2003；Ricciuto et al.，2006；Rasmussenet al.，2006；Riedigeret al.，2008；Nepal et al.，2011），他们认为受教育程度影响居民营养知识获得和蔬菜消费不足产生风险的意识；收入会影响城镇居民的蔬菜消费行为，则是因为蔬菜价格急剧上涨，导致低收入的居民更愿意消费肉类食品；婚姻会影响城镇居民的蔬菜消费行为是因为结婚的居民家庭规模比单身的要大，他们一般是与家庭成员一起进餐，其他家庭成员的蔬菜消费行为会使他们更愿意多吃一点蔬菜。本研究也赞同他们所分析的原因。

本章的研究结果进一步证实，已有文献中所阐述的男性比女性消费较少的蔬菜（Riediger et al.，2008；Nepal et al.，2011；Baker et al.，2003；Ricciuto et al.，2006）、单身居民比已婚居民消费较少的蔬菜（Baker et al.，2003；Ricciuto et al.，2006）以及受教育程度、收入、年龄等因素对城镇居民蔬菜消费行为有积极影响（Baker et al.，2003；Ricciuto et al.，2006；Ricciuto et al.，2006）的结论。与此同时，本章的研究还验证了蔬菜消费意愿在人口统计特征变量与城镇居民蔬菜消费行为之间的中介作用，即人口统计特征变量通过影响蔬菜消费意愿间接影响蔬菜消费行为。

本章的研究虽然获得了一些较好的结果，但也有一些局限性：一是问卷设计时，设置了年龄和收入等问项，因为这些问项涉及个人隐私，调研对象可能会隐瞒其实际数据，进而可能出现虚报年龄和收入数据的情况，可能会影响研究的结论。二是本章的研究只分析了人口统计特征变量的影响，没有将影响城镇居民蔬菜消费行为的其他因素放入回归模型，这也可能在一定程度上影响本章的研究结论，不过，在后面的章节中，本书将继续讨论其他因素对城镇居民蔬菜消费行为的影响，可以在一定程度上弥补这一缺陷。

4.5 本章小结

本章在第 3 章对城镇居民蔬菜消费行为进行描述性统计分析的基础上，采用规范的实证研究方法提出了研究模型和研究假设，并对研究假设进行了验证，最终发现性别、年龄、婚姻状况、受教育程度、收入等人口统计特征对城镇居民的蔬菜消费意愿和蔬菜消费行为产生了显著影响；人口统计特征变量通过影响城镇居民蔬菜消费意愿进而间接影响其蔬菜消费行为。

第 5 章

生活习惯对城镇居民蔬菜消费行为的影响分析

本书第四章研究了性别、年龄、婚姻状况、受教育程度、收入对城镇居民蔬菜消费行为的影响,本章将继续研究生活习惯对城镇居民蔬菜消费行为的影响及其机制。

5.1 引言

生活习惯是指,个人为了更好地满足自身生活需要而在进行各种活动过程中逐渐形成的一种生活方式。简单点说,生活习惯就是指,个人由情趣、爱好和价值取向决定的生活行为的独特表现形式。一个人有许多种生活习惯,有良好的生活习惯,也有不良的生活习惯。在本章研究中,将生活习惯主要限定为抽烟、喝酒和从事体育锻炼等。

从相关的新闻报道和调查报告中可以发现,中国目前的烟民数量居世界首位,2012 年为 2.81 亿人,约占全世界吸烟人口的 1/3

（纽约时报，2012）。而中国男女饮酒比率分别高达 84.1% 和 29.3%，饮酒人群中 65% 是不健康饮酒，而其最主要的问题是饮酒过量（中国民众健康饮酒状况调查报告，2009）。另外，据有关报道目前中国经常参加体育锻炼的人数占全国总人口的比例仅为 28.2%（今晚报，2012）。

这些不良的生活习惯会增加人们心血管等慢性疾病的发病率和死亡率。而多吃蔬菜可以降低诸如心血管病、中风、高血压、糖尿病和某些类型的癌症等慢性疾病的发病率（Bazzano，2002；Appel，2003）。因此，为了身体健康，不参加体育锻炼、抽烟和喝酒的人应该多吃蔬菜。那么，具有这些不良生活习惯的人是否愿意多吃蔬菜呢？关于这一问题，目前较少有学者进行这方面的研究，因此，本章重点研究生活习惯对城镇居民蔬菜消费行为的影响机制。

5.2 生活习惯对蔬菜消费行为影响的理论回顾与研究假设

目前，国内鲜见生活习惯对消费行为的影响研究，而国外已有学者研究了抽烟、喝酒、体育锻炼等生活习惯对蔬菜消费行为的影响，但其选择的样本都是其本国居民，且单独分析各种习惯对蔬菜消费行为的影响，并没有分析其中的影响机制。

比如，麦克菲利普（McPhillips，1994）通过对两个位于新英格兰东南部的社区居民的饮食习惯的调查研究，发现抽烟的人更倾向于吃肉类食品，较少吃蔬菜。奥斯勒（Osler，1998）研究了父母抽烟行为对人们饮食习惯的影响，指出父母如果经常抽烟的话，其子女消费蔬菜的意愿会降低。汤普森（Thompson，1999）在进行健康教育和生活习惯的调查时，发现蔬菜消费较少的人一般是抽烟的人。佩雷斯（Perez，2002）通过对 2000~2001 年加拿大社区健康调查数据的分析发现，经常从事体育锻炼、从不抽烟和喝酒的加拿大人平时消费更多的水果和蔬菜。米伦（Millen，2004）在研究女性饮食习惯、抽烟与心脏疾病的关系时，发现抽烟的人更愿意吃肉类食品，喜欢喝咖啡，较少消费水果和蔬菜。詹尼弗（Jennifer，2009）通过对美国2540个成年人的水果和蔬菜消费行为的调查研究，发现抽烟的人每天蔬菜摄入量远远没有达到美国政府规定的标准，更进一步的，他认为这主要是因为抽烟的人有较低的效能感和内在动机去消费规定量的蔬菜。琳达（Linda，2011）以超重和肥胖的美国退伍军人为研究对象对其消费行为进行了研究，结果表明烟草的使用与水果蔬菜的消费呈负向相关关系。詹姆斯（James，2011）在研究美国肥胖女性的蔬菜消费行为时发现，健康的生活习惯（包括减肥运动）会提高肥胖女性的蔬菜摄入量。阿古多（Agudo，2002）和伊斯达昆（Estaquio，2008）也发现，抽烟和缺乏体育锻炼会影响居民的蔬菜摄入量。桑德（Sunday，2011）使用2007年加拿大社区健康调查的93719个样本作为研究对象，分析了加拿大居民社会人口学特征、生活习惯与蔬菜消费行为的关系，并指出社会人口学特征和生活习惯是加拿大居民蔬菜消费行为的决定性因素。奥利维拉（Oliveira，2014）以葡萄牙的波尔图市2485名居民为研究对象，运用逻辑回归方法分析了葡萄牙成年人的蔬菜消费行为，认为葡萄牙成年人的蔬菜消费量是不足的，并指出体育锻炼的缺乏、抽烟和喝酒等不良的生活习惯影响了葡萄牙成年人的蔬菜消费量。

由以上分析可知，抽烟、喝酒、缺乏体育锻炼等有不良生活习惯的人似乎更少消费蔬菜，综合已有研究可以发现，虽然学者都提出了生活习惯对蔬菜消费行为的影响，但他们的研究更多的是单独研究抽烟、喝酒、体育锻炼等个别因素对蔬菜消费行为的影响，没有将生活习惯作为一个变量来研究其对蔬菜消费行为的影响。因此，根据以上分析和第4章的研究，提出如下假设：

假设5-1：生活习惯对城镇居民蔬菜消费行为有显著影响。

假设5-2：生活习惯对城镇居民蔬菜消费意愿有显著影响。

假设 5-3：城镇居民的蔬菜消费意愿对消费行为有显著影响。

假设 5-4：蔬菜消费意愿在生活习惯与城镇居民蔬菜消费行为的关系中起中介作用。

至此，本章提出了一个生活习惯对城镇居民蔬菜消费意愿的影响机制模型，来解释生活习惯通过什么来影响城镇居民蔬菜消费行为的过程机理和具体路径如图 5-1 所示。为了验证这一模型，本研究采用了大样本问卷研究的方法。

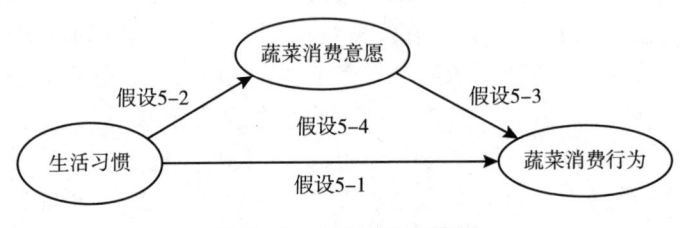

图 5-1 本章的研究模型

5.3 生活习惯对蔬菜消费行为影响的研究设计与数据分析结果

5.3.1 生活习惯变量的确定与测量

本章所涉及的变量主要有生活习惯、蔬菜消费意愿和蔬菜消费行为。其中，城镇居民的生活习惯变量的测量，主要在借鉴桑德（Sunday, 2011）、奥利维拉（Oliveira, 2014）等前人研究成果的基础上，自行设计了测量量表，这是因为桑德（Sunday, 2011）、奥利维拉（Oliveira, 2014）的研究中，没有将生活习惯作为一个变量来研究，而是分别研究抽烟、喝酒、体育锻炼等对蔬菜消费行为的影响，其关于抽烟的问项主要有"从不抽烟""以前抽烟，现已戒烟""抽烟",关于喝酒的问项主要是询问调研对象日常喝酒的数量,关于体育锻炼的问项主要是询问调研对象是否经常从事体育锻炼,这种问项设置方式显然不能综合测量出生活习惯。因此,本研究使用李克特五点量表的形式来测量生活习惯,设计了"我从来不抽烟""我从来不喝酒""我每周进行2个小时以上的体育锻炼"等三个测量生活习惯的问项,之所以设置"每周进行2个小时以上的体育锻炼",是因为专家建议成人每周至少要锻炼2个小时,如果调研对象选择"非常同意"选项,则可以说明调研对象经常从事体育锻炼,反之则没有。每个题测项都采用李克特的5级量表,选择项依次是"非常不同意""不太同意""一般""比较同意""非常同意",分别赋予1分、2分、3分、4分、5分,其中,"非常同意"表明调研对象从来都不抽烟、从来不喝酒和经常从事体育锻炼,"非常不同意"表明调研对象抽烟、喝酒和不从事体育锻炼,"不太同意""一般""比较同意"表明抽烟、喝酒和从事体育锻炼的程度。

关于消费意愿和消费行为的测量,仍沿用第四章的维度。本章研究中,各变量的测量维度、测量题项及参考来源见表5-1。

表5-1　　　　　　　　变量测量维度表

变量	维度	测量题目	参考来源
生活习惯	抽烟的程度 喝酒的程度 体育锻炼的程度	我从来不抽烟 我从来不喝酒 我每周进行2个小时以上的体育锻炼	Sunday 等（2011）、Oliveira 等（2014）
蔬菜消费意愿	居民消费蔬菜的可能性 居民推荐别人消费蔬菜的可能性 居民未来消费蔬菜的可能性	我每天都想吃蔬菜 我经常推荐周围的人吃各种蔬菜 未来一年内我都想吃蔬菜	文卡特等（Venkatesh et al.，2003）、格兰滋等（Glanz et al.，1998）、诺伊马克－斯坦纳等（Neumark-Sztainer et al.，1999）、Sniehotta 等（2005）、Lee（2011）

续表

变量	维度	测量题目	参考来源
蔬菜消费行为	蔬菜消费频率	在过去的一个月内，我每一餐都吃蔬菜	马西森（1991）、巴特彻济（Battacherjee, 2000）、靳明等（2008）、唐学玉等（2010）
	蔬菜消费量	在过去的一个月内，我平均每天吃500g蔬菜	

此外，本研究中还选取了地区、职业等变量作为控制变量。

调查问卷的形成及调研过程，在第三章已加以说明，这里就不再赘述。

5.3.2 数据分析与处理结果

（1）信度检验

表 5-2 是本次调研数据的 Cronbach's α 值。从表 5-2 中可以看出，生活习惯变量用 3 项指标来测量，Cronbach's α 值为 0.964，蔬菜消费意愿变量用 3 项指标来测量，Cronbach's α 值为 0.908；消费行为变量用 2 项指标来测量，Cronbach's α 值为 0.832，且问卷的整体信度 Cronbach's α 值为 0.863，说明本研究所用的问卷有较好信度。

表 5-2 信度检验数值

构念	观测项	Cronbach's α
消费意愿（CI）	CI1 CI2 CI3	0.908

第5章 生活习惯对城镇居民蔬菜消费行为的影响分析

续表

构念	观测项	Cronbach's α
消费行为（CB）	CB1 CB2	0.832
生活习惯（LS）	LS1 LS2 LS3	0.964

（2）效度检验

效度检验主要采用的是，主成分因子分析方法，运用因子分析方法判断效度的标准是：各变量的因子载荷应超过0.5，最好超过0.7，且每个变量的平均方差提取数值最好超过0.5。

表5-3、表5-4、表5-5、表5-6是各变量的KMO和Bartlett球状检验值、因子载荷值和平均方差提取数值，本研究中因子分析按照主成分分析法中因子特征值大于1的标准来进行。其中，生活习惯的题测项提取的一个因子解释的总方差为93.439%，其3个题测项的取样足够度数值是0.725，Bartlett的球状度检验近似卡方值为1808.506（df为3，p为0.000），消费意愿变量的题测项提取的1个因子解释的总方差为84.446%，其3个题测项的取样足够度值是0.743，Bartlett的球状度检验近似卡方值为949.158（df为3，p为0.000），适合做因子分析；消费行为变量的题测项提取的1个因子解释的总方差为85.614%，而2个题测项的取样足够度值为0.605，虽然低于0.7的最好标准，但因为Bartlett的球形度检验近似卡方值为328.133（df为1，p为0.000），显著性较好，因此也适合做因子分析。表5-6是消费意愿的3个题测项、消费行为的2个题测项、生活习惯的3个题测项一起做因子分析的各维度的因子负荷（Factor Loading）和平均方差提取数（AVE，average variance extracted），从表5-6中可以看出，所有测量维度的因子载荷均超过0.7，即各题测项

能很好地测量出变量的基本情况。另一方面，3个变量测量维度的平均方差提取数分别为0.823、0.824、0.921，都达到了有效标准（AVE>0.5）。通过以上分析，可以说明本研究所用测量问卷的聚合效度较好。

表5-7中给出的是，调查样本中变量与变量之间的协方差及相应变量的平均方差提取数AVE，从表5-7中所列的数值中可以看出，变量与其他任何一个变量的协方差均小于该变量的平均方差提取数AVE，因此，本研究所用的问卷有较好的区分效度。

表5-3　消费意愿的KMO和Bartlett球状检验值

取样足够度的度量		0.743
Bartlett 的球形度检验	近似卡方	949.158
	df	3
	Sig.	0.000

表5-4　消费行为的KMO和Bartlett球状检验值

取样足够度的度量		0.605
Bartlett 的球形度检验	近似卡方	328.133
	df	1
	Sig.	0.000

表5-5　生活习惯的KMO和Bartlett球状检验值

取样足够度的度量		0.725
Bartlett 的球形度检验	近似卡方	1808.506
	df	3
	Sig.	0.000

表 5-6 聚合效度检验数值

构念	观测项	因子负荷	平均方差提取（AVE）
消费意愿（CI）	CI1	0.917	0.823
	CI2	0.928	
	CI3	0.875	
消费行为（CB）	CB1	0.942	0.824
	CB2	0.872	
生活习惯（LS）	LS1	0.959	0.921
	LS2	0.941	
	LS3	0.978	

表 5-7 区分效度检验数值

	CI	CB	LS
消费意愿（CI）	**0.823**		
消费行为（CB）	0.297	**0.824**	
生活习惯（LS）	0.195	0.190	**0.921**

注：表中黑体数字为各个构念的 AVE 数值。

（3）同源偏差检验

本研究是用问卷调查的方式来获得数据的，因为每一份问卷的所有题测项都是由同一调研对象填写的，所以，问卷所收集的数据可能会出现同源偏差（common method variance，CMV）问题。为了避免出现这一问题，本研究在设计调查用问卷时，使用了被试对象信息隐匿法、题项反向设置及选项重测法等方法，以便在正式研究前尽可能减少同源偏差问题出现的可能性。将问卷调查收集到的数据进行汇总后，本研究根据其他学者经常采用的单因子检测方法来检验问卷数据的同源偏差，单因子检测方法就是将测量量表的所有题测项数据一起来做因子分析，未旋转时的第一个因子解释的总方差就是 CMV 的量。本研究将问卷中生活习惯、消费意愿和消费行为等变量的所有测量条目放在一起做了因子分析，在未旋转时，并未只析出一个公因子，且第一个因子解释的总方差是 35.050%，没有占到多数，因此，可以认为本研究所用问卷的同源偏差并不严重。

(4) 假设检验

在运用 SPSS 21.0 对数据进行回归分析之前，本章的研究做了 Anova 方差分析以检验回归模型整体的显著性，从表 5 – 8、表 5 – 9、表 5 – 10、表 5 – 11、表 5 – 12、表 5 – 13 中可以看出，本章的研究中所有回归模型的显著性均达到 0.000 的水平，说明各自变量对因变量存在显著的影响，且各变量 VIF 值均在 10 以下，说明变量间不存在多重共线性。

表 5 – 8   模型 (5 – 1) Anova[a]

模型		平方和	df	均方	F	Sig.
5 – 1	回归	4.926	2	2.463	2.479	0.085[b]
	残差	460.074	463	0.994		
	总计	465.000	465			

注：a. 因变量：消费行为。
　　b. 预测变量：(常量)、地区、职业。

表 5 – 9   模型 (5 – 2) Anova[a]

模型		平方和	df	均方	F	Sig.
5 – 2	回归	20.936	3	6.979	7.261	0.000[b]
	残差	444.064	462	0.961		
	总计	465.000	465			

注：a. 因变量：消费行为。
　　b. 预测变量：(常量)、地区、职业、生活习惯。

第5章 生活习惯对城镇居民蔬菜消费行为的影响分析

表5-10　　　　　　　　模型（5-3）Anova^a

模型		平方和	df	均方	F	Sig.
5-3	回归	5.134	2	2.567	2.584	0.077^b
	残差	459.866	463	0.993		
	总计	465.000	465			

注：a. 因变量：消费意愿。
　　b. 预测变量：(常量)、地区、职业。

表5-11　　　　　　　　模型（5-4）Anova^a

模型		平方和	df	均方	F	Sig.
5-4	回归	22.370	3	7.457	7.783	0.000^b
	残差	442.630	462	0.958		
	总计	465.000	465			

注：a. 因变量：消费意愿。
　　b. 预测变量：(常量)、地区、职业、生活习惯。

表5-12　　　　　　　　模型（5-5）Anova^a

模型		平方和	df	均方	F	Sig.
5-5	回归	44.609	3	14.870	16.341	0.000^b
	残差	420.391	462	0.910		
	总计	465.000	465			

注：a. 因变量：消费行为。
　　b. 预测变量：(常量)、地区、职业、消费意愿。

表5-13　　　　　　　　模型（5-6）Anova^a

模型		平方和	df	均方	F	Sig.
5-6	回归	52.648	4	13.162	14.715	0.000^b
	残差	412.352	461	0.894		
	总计	465.000	465			

注：a. 因变量：消费行为。
　　b. 预测变量：(常量)、地区、职业、生活习惯、消费意愿。

表 5-14 是控制变量、生活习惯、蔬菜消费意愿与蔬菜消费行为的具体回归结果，其中，模型（5-1）是控制变量对消费行为的回归模型。从中可以发现，控制变量对因变量的影响不显著，也进一步验证了第四章中所得到的相关结论；模型（5-2）是加入自变量生活习惯的主效应回归模型，用来检验城镇居民生活习惯与蔬菜消费行为的主效应关系，分析结果表明，生活习惯与城镇居民蔬菜消费行为之间是正相关关系（$\beta = 0.186$，$p < 0.001$），即生活习惯显著影响城镇居民的蔬菜消费行为，实证结果表明假设 5-1 得到了验证。模型（5-3）是控制变量对城镇居民蔬菜消费意愿的回归模型。模型（5-4）是生活习惯与城镇居民蔬菜消费意愿的关系模型，结果表明生活习惯与城镇居民蔬菜消费意愿存在正相关关系（$\beta = 0.193$，$p < 0.001$），即生活习惯影响城镇居民的蔬菜消费意愿，生活习惯越健康，居民消费蔬菜的意愿越强烈，实证结果表明假设 5-2 得到了验证。模型（5-5）是城镇居民蔬菜消费意愿与蔬菜消费行为的关系模型，结果表明城镇居民蔬菜消费意愿与蔬菜消费行为之间存在正相关关系（$\beta = 0.294$，$p < 0.001$），即城镇居民蔬菜消费意愿显著影响蔬菜消费行为，城镇居民的蔬菜消费意愿越强烈，越可能采取蔬菜消费行为，实证结果表明假设 5-3 得到了验证。

本章在假设 5-4 中提出，蔬菜消费意愿在生活习惯与城镇居民蔬菜消费行为之间起到中介作用。本章的研究仍采用前文所用的方法来验证蔬菜消费意愿在主效应模型中的中介作用。从表 5-14 中可以看出，前 3 个条件已得到满足，为了满足第 4 个条件，本章的研究将城镇居民生活习惯、蔬菜消费意愿与蔬菜消费行为一起进行回归，得到回归模型（5-6）。从表 5-14 中可以看出，将蔬菜消费意愿加入回归模型后，自变量生活习惯对城镇居民蔬菜消费行为的影响已减弱，因此，我们可以认为蔬菜消费意愿在生活习惯与城镇居民蔬菜消费行为之间起到了部分中介的作用，即生活习惯既由蔬菜消费意愿来对城镇居民蔬菜消费行为产生影响，也可能会直接影响城镇居民的蔬菜消费行为，实证结果表明假设5-4得到了验证。

表5-14　　　　　　　　　回归结果

	变量	消费行为		消费意愿		消费行为	
		模型(5-1)	模型(5-2)	模型(5-3)	模型(5-4)	模型(5-5)	模型(5-6)
控制变量	常数项	0.004	-0.008	0.277	0.281	-0.077	-0.068
	地区	-0.043	-0.071	-0.104	-0.098	-0.046	-0.045
	职业	0.055	0.063	-0.109	-0.025	0.074	0.070
自变量	生活习惯		0.186***		0.193***		0.134**
中介变量	消费意愿					0.294***	0.268***
	F	2.479	7.261***	2.584	7.783***	16.341***	14.715***

注：**、***表示 $p<0.05$、$p<0.001$；表中所示为标准化系数，模型中没有出现城镇居民的生活习惯、蔬菜消费意愿和蔬菜消费行为等变量的测量维度，主要是因为本章是对变量的整体效应进行研究，没有研究各维度的效应。

5.4 生活习惯对蔬菜消费行为影响的实证研究结果的讨论

一方面，尽管人们都知道多吃蔬菜的好处数不胜数，但许多城镇居民的蔬菜消费量仍远远低于专家推荐的水平；另一方面，具有抽烟、喝酒、不经常体育锻炼等不良生活习惯的城镇居民人数占全国人口的比例较大，这两方面导致中国居民近几年慢性疾病的发病率和死亡率不断上升。而这两方面是否有一定的联系呢？这是本章研究的出发点。国外虽有一些文献研究了影响蔬菜消费行为的决定性因素，并提出抽烟、喝酒等不良生活习惯会影响居民蔬菜消费行为，但这些研究所采用的方法主要是基本的描述性统计分析，且调研对象多是研究者所在国家的居民，研究结果虽对揭示城镇居民蔬菜消费行为有一定的借鉴意义，但并不能完全解释城镇居民的蔬菜消费行为，而国内目前鲜见这方面的研究。基于此，本章着重研究了抽烟、喝酒等不良生活习惯对城镇居民蔬菜消费行为的影响及其机制。研究结果表明，生活习惯越不健康，城镇居民的蔬菜消费意愿和行为就越低，具体来说，抽烟的居民比不抽烟的居民消费更少的蔬菜，喝酒的居民比不喝酒的居民消费更少的蔬菜，不经常从事体育锻炼的居民比经常从事体育锻炼的居民消费更少的蔬菜。

人们都知道抽烟、喝酒、不经常从事体育锻炼会严重影响身体健康，因此，人们应当戒烟、戒酒，并经常从事体育锻炼，但很显然，这对有这些不良生活习惯的一些城镇居民来说是比较困难的。本章的研究结论表明，如果很难戒除抽烟、喝酒等不良生活习惯，城镇居民应当提高其蔬菜消费意愿和消费行为，从而降低心血管病、某些癌症等慢性疾病的发病率和死亡率。

本章主要研究不良生活习惯对城镇居民蔬菜消费意愿和蔬菜消费行为的影响，这在国内已有的研究成果中较少见，研究结论也有一定的指导意义，但也存在一些局限：一是本章用抽烟、喝酒和体育锻炼的程度来测量生活习惯，且三种生活习惯的程度分别只用了一个题测项来测量，这一测量虽然有一定的创新性，且通过了信度检验和效度检验，但仍有待进一步的验证。二是本章的研究虽然将职业、地区等作为控制变量加入了回归模型，并进一步验证了第4章的结论，但没有将城镇居民的消费行为态度、主观规范和知觉行为控制等经典的计划行为理论的前因变量加入回归模型，导致研究结论过于单薄。因此，第6章将重点研究消费行为态度、主观规范和知觉行为控制等因素对城镇居民蔬菜消费行为的影响。

5.5 本章小结

本章在第4章研究人口统计特征变量对城镇居民蔬菜消费行为

第 5 章　生活习惯对城镇居民蔬菜消费行为的影响分析

影响机制的基础上,采用规范的实证研究方法提出了生活习惯对城镇居民蔬菜消费行为影响的研究模型和研究假设,并对研究假设进行了验证,最终发现抽烟、喝酒、体育锻炼等生活习惯因素对城镇居民的蔬菜消费意愿和蔬菜消费行为产生显著的影响;生活习惯因素通过影响城镇居民蔬菜消费意愿,进而间接影响其蔬菜消费行为。

第6章

基于计划行为理论的城镇居民蔬菜消费行为影响因素分析

前文对城镇居民的蔬菜消费行为及其影响因素进行了研究，提出了人口统计特征变量和生活习惯变量通过影响蔬菜消费意愿进而间接影响城镇居民蔬菜消费行为的结论，有一定的指导意义。但人口统计特征变量和生活习惯变量只是影响城镇居民蔬菜消费行为的浅层次原因，因此，本章将继续深入探讨影响城镇居民蔬菜消费行为的深层次原因。

6.1 引言

多吃蔬菜一直都被认为是健康的饮食习惯，本书的第四章、五章以及国外学者的研究，都对影响蔬菜消费行为的因素进行了分析，并发现许多因素都影响蔬菜消费行为，包括收入（Krebs-Smith et al.，1995；Johansson，Andersen，1998）、富裕的地区（Diez-Roux et al.，1999）、已婚（Devine et al.，1999；Pollard et

第 6 章 基于计划行为理论的城镇居民蔬菜消费行为影响因素分析

al.，2001）等因素。也有学者针对特定人群进行了研究，提出了一些与大多数研究成果结论不同的影响蔬菜消费行为的因素，比如，比索哥尼（Bisogni，2002）就认为第二次世界大战期间出生的人平时消费的蔬菜较少，而大多数学者都认为年龄大的居民消费较多蔬菜。也有研究表明，女性之所以消费更多的蔬菜，是因为她们掌握了丰富的营养知识，且保持着浓厚的健康意识（Baker，Wardle，2003；Westenhoefer，2005；Blanck et al.，2008；Esteghamati et al.，2012）。当然，也有很多学者得出了本书前面章节所提到的抽烟、喝酒等不良生活习惯和低收入会导致人们蔬菜消费减少这一结论（Perez，2002），而教育背景这一因素也被一些学者作为影响蔬菜消费行为的关键因素（Tarasuk et al.，2010）。

这些蔬菜消费行为影响因素的提出，可以为我们解释并预测居民的蔬菜消费行为，进而为政府制定合理的全民健康计划提供参考。但以上这些因素对蔬菜消费行为的影响作用，有时候又存在悖论，比如，前文提到的比索哥尼（Bisogni，2002）认为第二次世界大战期间出生的人较少消费蔬菜，显然第二次世界大战期间出生的人到现在应该都是 80 岁以上的老人，可以认为年龄大的居民消费较少的蔬菜，但很多研究表明年轻人比年龄大的人消费较少的蔬菜（Kratt，2000；Dehghan et al.，2010；Sunday et al.，2011；Linda et al.，2011），这两个结论很显然是互相矛盾的，为什么会出现这一问题呢？比索哥尼（Bisogni，2002）等解释是因为第二次世界大战出生的人有过食物短缺的经历，因此他们对不能充饥的蔬菜不感兴趣。这一说法很好地解释了为什么年龄对蔬菜消费行为的影响会有两个相反的结论，但在这一解释的背后，我们还可以发现，之所以会出现这一现象可能是因为除了前文所提到的影响蔬菜消费行为的人口统计变量和生活习惯变量因素外，还存在其他影响城镇居民蔬菜消费行为的因素。基于此，本章将继续研究影响城镇居民蔬菜消费行为的其他因素及其影响机制。

6.2 态度、主观规范、知觉行为控制对蔬菜消费行为影响的理论回顾与研究假设

城镇居民的蔬菜消费行为是人类行为的一种，而目前关于人类行为方面的研究成果中比较有代表性的菲什拜因和阿耶兹（Fishbein，Ajzen，1974）合作研究并提出的理性行为理论和阿耶兹（Ajzen，1986）在理性行为理论基础上发展而来的计划行为理论。这两个理论对个体行为的研究比较深入透彻，因此，本章关于城镇居民蔬菜消费行为的进一步研究，也以理性行为理论与计划行为理论为基础来开展。

6.2.1 本章研究的理论基础

理性行为理论（theory of reasoned action，TRA）认为，个体是否会采取某种行为，主要受到个体行为意愿的影响。而个体对某种行为的主观评价即态度和主观准则又在某种程度上决定了个体是否愿意采取某种行为即行为意向。理性行为理论中提到的"行为态度"是指，个体在做出是否从事某种行为决策前，对某种行为所持有的一种看法或一种正向或负向的情感，个体对行为结果给自己带来好处和行为结果的重要程度的预期决定了个体的行为态度；这里所说的"主观准则（主观规范）"是指，个体对周围其他人希望或不希望自己采取某种行为的感知程度，个体对周围其他人的信任程度和从众的心理动机决定了个体的主观准则。而这里所说的"行为意向"是指，个体计划从事某一目标行为的度量，个体的行为态度和主观准则结合在一起，就产生了个体的行为意向（倾向），最终导致个体的行为发生改变。

理性行为理论提出了研究个体行为的一般模型，它的主要贡献

在于：理性行为理论使得人们对个体行为的产生有了一个清晰的认识，即要想改变个体的行为，就必须影响个体的行为态度和主观准则或主观规范。但该理论仍然有一个较大的问题没有考虑到，即理性行为理论认为任何个体在实施各种工作或生活的任何行为都能被其完全掌控。但很明显的是，在当今，个体会面临越来越复杂的政治法律环境、经济环境、社会文化环境和科技环境，在这样的环境下，个体的行为会受到行为态度和主观规范的影响，与此同时，还可能会受到管理干预和外部环境的制约。因此，有学者认为，理性行为理论应该引入一些外在变量，比如，自我控制变量或情境变量等，以使理性行为理论更符合实际。正是在这一背景下，阿耶兹（Ajzen）又进行深入细致的思考，在借助心理学相关理论的基础上，运用各种方法进一步对个体行为进行研究，最终计划行为理论出现在关注个体行为的专家和学者的视线中。

计划行为理论（theory of planned behavior，TPB）是由阿耶兹（Ajzen，1986）首次提出的，1991年在前期研究的基础上他进一步完善了计划行为理论。阿耶兹（Ajzen）认为，以前提出的具有重大理论贡献的理性行为理论仍不完善，仍有较大的缺陷，因此，他通过深入的研究提出了计划行为理论，该理论是对理性行为理论的继承和发扬。阿耶兹（Ajzen）在理性行为理论提出后，经常对个体的工作和生活行为运用理性行为理论来进行解释，但他发现个体是否愿意采取某种行为与他实际采取的某行为并不一致，个体的行为有时可以由个体行为的行为意愿来解释，有时又会受到某种控制的影响，因此，他将个体对自己能否采取某种行为的能力作为变量加入理性行为理论模型中，这一种能力被他称为"行为控制认知"（perceived behavior control），这一变量的加入使理性行为理论得以进一步扩充，从而提出了基于理性行为理论的新行为理论——计划行为理论。

计划行为理论由行为意愿（behavior intention）、行为（behavior）、态度（attitude）、主观规范（subjective norm）、知觉行为控制

（perceived behavioral control）等 5 大要素构成。其中，行为意愿（behavior intention）是指，人们在决定采取某种目标行为前，对于其拟采取的某种目标行为所持有的独特的看法或想法，它是人们对于是否实施某种目标行为所持有的一种愿望或原动力的反映；行为（behavior）是指，个体受思想支配而表现出来的外在活动。态度（attitude）是指，个体在实施某种行为前，对该行为所持有的一种正向或负向的稳定的心理倾向，即个体在对某种目标行为进行主观评价后所形成的行为倾向性；主观规范（subjective norm）是指，一个人如果要做出某种行为的决策，他会提前感知这一行为实施的时候会遇到的阻碍因素或促进因素，这种所感知到的各种阻碍因素或促进因素就被称为主观规范，具体来说是指，个体采取某种目标行为前，对其决策有重大影响的个人或团队（salient individuals or groups）对于个体实施某种目标行为支持或阻碍程度的大小；知觉行为控制（perceived behavioral control）是指，个体基于其过去成功或失败的经验对自身在完成某种目标行为时可能遇到障碍的预期。当个体在实施某种目标行为前所感知到实施某种行为时遇到的障碍越少，则个体对其行为就越有较强的知觉行为控制。阿耶兹（Ajzen）更进一步指出，知觉行为控制既可以通过影响个体的行为意愿进而影响个体行为，也可以直接影响个体的行为。

  阿耶兹（Ajzen）提出的计划行为理论认为，一个人如果要实施某种个体行为，就必然要受到他的该种行为的行为意愿的影响，而其他因素都是通过影响他的行为意愿才能影响他的行为。阿耶兹（Ajzen）进一步指出，个体的行为意愿可以由三项相关因素来解释，一是源自于个体周围其他人的"主观规范"，即会影响个人采取某种目标行为的周围人的意见、看法和行为；二是源自于个体自身的"态度"，即对于采取某种目标行为所抱持的看法或想法；最后一项因素是源自于阿耶兹（Ajzen）单独提出的"知觉行为控制"。阿耶兹（Ajzen）认为，在一般情况下，个体对于某种目标行为所感受到的主观规范越积极，则个体就有越强的行为意愿；个体对于某种目标行为持有越正向的态度，则个体就有越强的行为意愿；而当个体对某种目标行为持有越正向的情感（态度）和感受到越积极的其他人的影响（主观规范），而且有较强的采取该种目标行为的能力（知觉行为控制）的话，则个体就有更强的行为意愿。阿耶兹（Ajzen）之所以会将知觉行为控制引入理性行为理论，是因为他认为个体对行为的意志控制力应该是一个连续体，一边是完全不受个体意志控制的行为，另一端则是完全受个体意志控制的行为，而个体大多数行为都处于这两个端点之间。因此，要解释个体不完全受意志控制的行为，知觉行为控制这一变量就有必要引入进来。但是，如果个体对某种目标行为的控制接近最强的程度，或是知觉行为控制的维度并不是个体在采取某种目标行为时要考虑的因素，则计划行为理论对个体行为的解释程度与理性行为理论相近。

阿耶兹（Ajzen）在提出以上研究结论后，还构建了计划行为理论的理论模型，如图6-1所示。

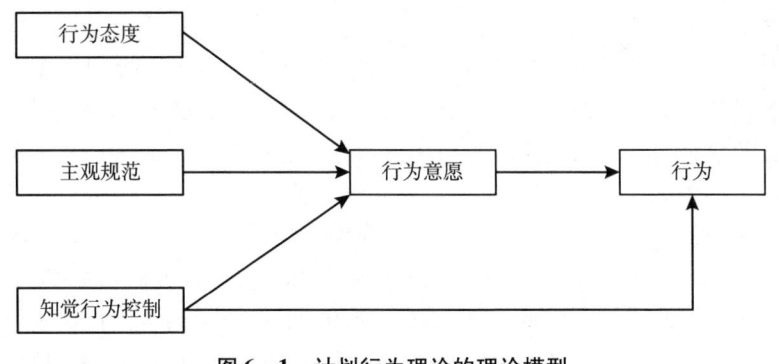

图6-1 计划行为理论的理论模型

6.2.2 本章理论回顾

关于居民消费行为前因变量的研究目前已较成熟，且在前面已进行了相关归纳，本章将对计划行为理论所提出的影响消费行为的三个前因变量——行为态度、主观规范、知觉行为控制等方面的研究做进一步梳理和归纳。

态度是心理学研究的核心构念，在阿耶兹和菲什拜因（Ajzen, Fishbein）提出行为态度的概念之前，已有心理学家在关注态度对行为的影响。海德（Heider, 1958）通过实证研究发现，人们一般都是根据自己的认识来形成对人和物的态度，进而采取相应的行为。威尔逊（Wilson, 1968）提出了双重态度理论，即认为态度可以划分为内隐态度和外显态度，他认为当个体在面临相同的目标行为时，内隐态度和外显态度同时存在，在一般情况下，内隐态度是个体潜意识产生的，而外显态度要强于内隐态度，影响人们行为的主要是外显态度，但内隐态度仍然会影响人们的一些下意识行为。这些研究虽然认为人们的态度可能会影响人们的行为，但都不能肯定人们的行为完全由其态度来决定。

事实上，在态度与行为研究的早期，大部分学者都相信态度决定个体行为，但也有一些学者在研究中发现，人们对客体的态度有时并不能完全导致他对客体产生某种行为，即人们的态度并不一定会产生相应的行为（La Piere, 1934）。这一结论导致越来越多的学者开始研究态度与行为的关系。威克（Wicker, 1969）运用问卷调查的实证研究方法对个体的行为进行了研究，研究结果表明人们的行为并不能完全由人们的态度来解释。巴伦（Baron, 1980）在威克等的基础上进行了进一步研究，认为人们的态度由情感、认知和行为等构成的，这里所说的行为就是指人们行动或行为意愿的心理倾向。与此同时，阿耶兹和菲什拜因（Ajzen, Fishbein）也提出了行为意愿的概念，意愿概念的提出是行为理论上的一个重大进步，自此之后，学者都认为态度并不能直接影响行为，必须经由行为意愿进而间接影响行为。

自从阿耶兹和菲什拜因（Ajzen, Fishbein）提出态度—意愿—行为的理论模型后，计划行为理论就受到众多专家和学者的追捧，进行了大量的理论与应用研究，这些研究大多是运用各学科的理论对计划行为理论中的主观规范、行为态度、知觉行为控制和行为意愿以及行为进行深化研究。

关于态度的深化研究。弗伦彻（French，2005）提出了态度由认知维度和情感维度等两个维度来构成，认知维度是个体在行为之前对自己实施某种目标行为可能带来后果的评价，情感维度是个体对将要实施的某种目标行为的情绪表现。更进一步地，他还分析了认知维度与情感维度对行为意愿的影响，并指出在预测人们的行为意愿的时候，情感维度比认知维度的解释性好。帕克（Park，2000）将态度划分为两个维度，即社会态度和个人态度，并认为社会态度维度是个体对其拟采取的某种目标行为可能影响周围人的看法，个人态度维度是个体对其拟采取的某种目标行为可能影响其自身的看法。更进一步地，他指出对某些人来说，他们是否采取行为取决于这一行为是否会给自身带来利益，而对另一些人来说，他们更关心别人的利益是否受到他们行为的影响。

关于主观规范的深化研究，比较有代表性的是恰尔迪尼（Cialdini，1991）的研究成果，恰尔迪尼（Cialdini，1991）通过研究，将主观规范划分为描述性规范和指令性规范，并解释了指令性规范和描述性规范。即描述性规范是指，人们对其他人行为的感知，指令性规范是指，人们对周围人是否赞成或反对自己行为的感知。而关于行为意愿的深化研究，则集中在如何界定行为意愿上，阿耶兹和菲什拜因（Ajzen，Fishbein，1980）提出理性行为理论时认为，人们的行为意愿是个体对其拟实施行为的愿望或原动力，以及实施某种目标行为的可能性。在理性行为理论界定的行为意愿的基础上，一些学者也对行为意愿进行了重新界定，沃肖（Warshaw，1985）认为，行为意愿是人们对自己有计划地做某事的清晰表达。而巴戈齐（Bagozzi，2000）则从另一角度对行为意愿进行了界定，他认为行为意愿是人们在充分考虑了自身的影响因素和外部的环境影响因素后，对自己将要采取的行为的难易程度的评价。

关于知觉行为控制的深化研究是近几年的研究热点，阿耶兹（Ajzen，1986）提出了知觉行为控制这一行为的前因变量，并认为知觉行为控制是一个单维度变量。而阿沃拉（Arvola，2008）则认为，知觉行为控制包括两个维度，一个维度是人们采取某种行为的难易程度以及人们完成该行为的信心，另一个维度是人们控制自身行为的能力以及人们能完成该行为的程度。维梅尔（Vermeir，2008）认为，知觉行为控制包括两个维度，这两个维度主要是控制信念（Control Beliefs）和感知便利性（Perceived Facilitation）。感知便利性是指，个体对影响（阻碍或促进）某种目标行为完成的因素的看法，控制信念是指，个体对自身能否完成某种目标行为所需要的能力或自己是否拥有某种资源的看法。虽有一些学者认为，知觉行为控制是一个多维度变量，但大多数学者还是将知觉行为控制作为单维度变量。

理性行为理论与计划行为理论很好地解释了人们的行为，因此，很多学者在研究人们的相关行为（比如，绿色消费行为、安全农产品消费行为）时，都以理性行为理论和计划行为理论作为研究框架，但也有学者在计划行为理论的基础上加入了其他影响意愿和行为的因素。帕鲁金尼（Perugini，2001）在计划行为理论的基础上，将人们的渴望这一情感因素加入计划行为理论模型中，并对新模型进行了实证检验，结果表明新模型在解释人们的意愿和行为时，比原有的计划行为理论模型更好。库克（Cook，2002）将自我认同变量加入计划行为理论模型中，并实证检验了新模型对行为的解释能力和预测能力。菲茨莫里斯（Fitzmaurice，2005）拓展了计划行为理论模型，将人们的行为热情引入计划行为理论模型中，并实证检验了新理论模型，实证结果表明新模型对人们意愿和行为的解释比原模型好。

很多学者或进一步对计划行为理论进行深化研究进而拓展计划行为理论，或运用计划行为理论解释个体某一特定的行为，但也有学者综合已有的关于计划行为理论的研究成果，深入剖析和解构了

第6章 基于计划行为理论的城镇居民蔬菜消费行为影响因素分析

计划行为理论。在此基础上,将计划行为理论模型中各变量的维度进行了详细描述,并引入新变量到模型中,解构后的计划行为理论模型见图6-2（Taylor et al.,1995）。

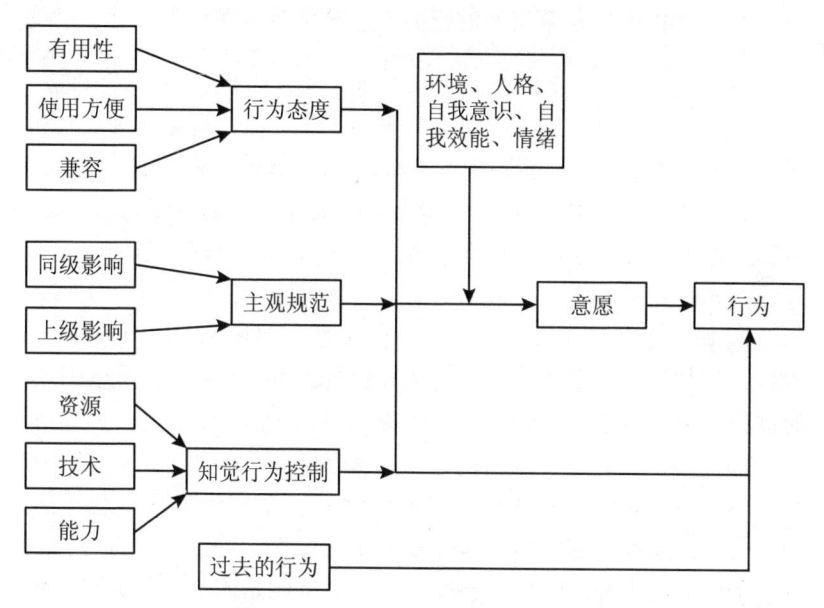

图6-2　泰勒等（Taylor et al.）拓展的计划行为理论模型

从以上分析中可以看出,在众多学者的努力下,计划行为理论已经日趋成熟,也有许多学者运用计划行为理论研究人们的各种消费行为（青平,李崇光,2005；吴淑莺,2006；Hsiu - FenLin,2008；Vermeira,2008；Arvola,2008；刘宇伟,2008）,并获得了具有理论意义和与现实意义的结论。因此,本章基于计划行为理论来研究城镇居民的蔬菜消费行为是可行的,且能保证所选变量的科学性和可靠性。

6.2.3 本章的研究假设

(1) 城镇居民蔬菜消费的行为态度与蔬菜消费行为

行为态度是指，个体在从事某种行为前，对该行为所持有的一种正向或负向的稳定的心理倾向，即个体在对某种目标行为进行主观评价后所形成的行为倾向性（Ajzen，1986）。态度与行为的研究，一直是社会心理学研究的热点，而关于态度是否直接影响行为，一直是理论界争论的焦点。威克（Wicker，1969）运用问卷调查的方式研究了态度与行为的关系，结果表明个体的态度与实际行为之间基本上没有或只有很少的相关性。但阿梅约（Upmeyer，1989）等却指出，个体的行为是个人进行决策、判断以及行为序列的过程，并进一步指出个体潜在的态度表达就是行为。斯基卡（Skitka，2004）更进一步指出，态度是有强弱之分的，个体较强的态度不会受内在因素和外在因素的影响，一般不会轻易发生改变，因此较强的态度能够影响个体决策判断的过程，进而影响行为。因此，个体的行为并不完全与态度无关，而可能是因为在研究时，没有对态度的内涵进行科学的界定（Berkowitz，1986）。比如，个体普遍的态度（对全球环境污染的态度）就不能预测个体单一的行为（课堂逃课的行为）（张红涛等，2007）。因此，最近关于态度与行为的研究倾向于在控制一些因素后，再对态度与行为的相关关系进行研究。阿伦兹（Arends，2006）通过控制三个影响因素来对态度与行为的关系进行研究，研究结果表明在私人问题上，人们的态度能够很好地预测行为，而在公共问题上，态度与行为的相关性则较低。也有学者认为，态度有内隐态度与外显态度之分，内隐态度一般比较稳定，其他影响因素对其的影响一般较小，因此，个体的内隐态度能够很好地预测个体的行为（Sherman，2003；Fiske，2004）。综合以上分析可以发现，虽然有学者认为个体的行为并不能完全由个体的态度来解释，但不可否认的是，个体的行为态度与个体的行为之间存在一定的关系。由此，提出如下假设：

假设6-1：城镇居民蔬菜消费的行为态度显著影响其蔬菜消费行为。

(2) 城镇居民蔬菜消费决策的主观规范与蔬菜消费行为

主观规范是指，个体对其自身拟要实施的某种行为进行预测时所感知到的各种阻碍或促进因素，具体来说，是指个体采取某种目标行为前，对其决策有重大影响的个人或团队对于个体实施某种目标行为支持或阻碍程度的大小（Ajzen, 1986）。计划行为理论认为，主观规范不会直接影响行为，行为意愿在它们之间的关系中起中介作用，但也有许多研究个体行为的学者将个体的主观规范作为个体行为的直接预测因素。恰尔迪尼（Cialdini, 1990）运用实验研究方法验证了主观规范与行为的一致性，研究结果表明实验参与者会从各种线索中寻找行为规范，并尽量让其行为保持与这些行为规范的一致性，实验结论证明了个体的主观规范会影响个体的行为。克里斯蒂安（Christian, 2002）在研究南威尔士地区为无家可归者提供服务的主观规范与行为之间的关系时，发现人们为无家可归者提供服务的主观规范直接影响其行为。奥肯（Okun, 2002）通过问卷调查的实证研究方法对人们的主观规范与休闲活动的关系进行了分析，指出人们的休闲活动直接受到其周围人的影响，即主观规范影响休闲行为。王双龙等（2013）以企业研究开发团队中研发人员作为调研对象，采用问卷调查的方式研究了企业研发团队成员主观规范对个人创新行为的影响作用，并运用跨层次回归方法探寻了团队凝聚力的调节作用。研究结果表明，研发团队成员的主观规范显著影响个人的创新行为，而且研发团队的凝聚力越强，个体的主观规范对个人创新行为的影响作用就越突出。综合现有的文献可以发现，主观规范对个体行为有直接的影响。由此，提出如下假设：

假设6-2：城镇居民蔬菜消费决策的主观规范显著影响其蔬菜消费行为。

(3) 城镇居民蔬菜消费决策的知觉行为控制与蔬菜消费行为

阿耶兹（Ajzen，1991）指出，知觉行为控制是个体基于其过去成功或失败的经验对自身在完成某种目标行为时可能遇到的障碍的预期。如果个体在做出是否要实施某种行为的决策时，对未来可能出现的影响其行为实施的障碍预期较少，则可以说明个体对其自身行为有较强的知觉行为控制。与此同时，有一些国外学者也指出，知觉行为控制会影响个体行为（Vinokur et al., 1987；Netemeyer et al., 1990；Schlegelmich et al., 1996）。之后，一些学者也开始运用知觉行为控制这一变量来预测个体行为。斯派诺（Sparrow，1996）在研究居民健康行为时发现，知觉行为控制预测居民健康行为时的效力与态度相当。也有学者将知觉行为控制具体化，进而研究知觉行为控制各维度对行为的预测效力。赖安（Ryan，2000）以300名大学生和272名癌症存活者为调研对象进行跟踪调查，调查结果表明，如果将知觉行为控制具体化，则具体化的知觉行为控制对行为的预测效力高于笼统的知觉行为控制对行为的预测效力。国内也有一些学者采用实证研究方法，验证了知觉行为控制对个体行为的影响（林琳等，2014）。由此可见，知觉行为控制会显著影响个体的行为。

城镇居民蔬菜消费的知觉行为控制是指，城镇居民对蔬菜消费行为所需的能力、资源或机会的感知及其重要程度的认知，指城镇居民所认为的促进或阻碍其蔬菜消费的因素。很显然，如果城镇居民感知到他没有能力去消费蔬菜，则他就不会或较少进行蔬菜消费行为。比如，如果城镇居民在其家附近很难购买到新鲜蔬菜，那么，他就不会或较少消费蔬菜。由此，提出如下假设：

假设6-3：城镇居民蔬菜消费决策的知觉行为控制显著影响其蔬菜消费行为。

(4) 城镇居民蔬菜消费的行为态度与蔬菜消费意愿

行为态度先影响行为意愿，这是理性行为理论与计划行为理论的主要内容。自此之后，研究个体行为的一些学者认为行为态度影响行为意愿。阿尔琼（Arjun，1999）在对顾客的品牌态度和购买意愿之间的相关关系进行研究时发现，顾客的品牌态度正向影响其购买意愿。阿米蒂奇（Armitage，2000）选择了185个样本对态度与意愿之间的关系进行了研究，研究结果表明个体的行为态度与行为意愿之间存在显著的相关性。吉姆（Kim，2001）运用实证研究方法分析了消费者对旅游纪念品的购买意愿，研究结论表明，消费者对旅游景点文化认同的态度对他们购买当地旅游纪念品的购买意愿有显著影响。加勒森（Garretson，2002）在实证研究的基础上指出，消费者对自有品牌的态度影响了消费者购买自有品牌的意愿。维梅尔（Vermeir，2008）研究了日常绿色食品的消费情况，指出个人对绿色食品的态度和绿色食品的消费行为之间的关系不显著，但在加入社会规范、便利性等变量后，发现个人对绿色食品的态度显著影响其绿色食品的消费行为。扎兰唐尼诺（Zarantonello，2010）以汽车、电子产品和食品的消费者作为研究对象，实证研究了品牌态度与购买意愿，研究结果证实消费者的品牌态度预测购买意愿的效力高。还有很多国外学者通过对不同行为的消费者的调查研究，都证实了态度可以有效预测行为意愿（Pavlou，2006；Lam，2007；Cheong，2007）。国内也有学者验证了态度与行为意愿的关系。周应恒等（2004）的研究表明，消费者对食品安全的态度对于他们购买安全食品的意愿有直接的显著影响。吴佩勋（2011）通过研究发现，认知态度是影响消费者购买自有品牌意向的最重要因素。张远等（2015）指出，认知态度与情感态度都对购买意愿有直接影响。综合前人的研究，提出如下假设：

假设6-4：城镇居民蔬菜消费的行为态度显著影响其蔬菜消费意愿。

(5) 城镇居民蔬菜消费决策的主观规范与蔬菜消费意愿

主观规范影响行为意愿，已被大量文献所证实。泰勒（Taylor，1995）研究了个体对信息科技的使用意愿，并指出个体的主观规范能够有效地解释个体对信息科技的使用意愿。文卡特（Venkatesh，2000）在泰勒（Taylor）的研究基础上进行了验证性研究，也认为个体主观规范显著影响其对信息科技的使用意愿。博克（Bock，2002）研究个体的知识共享行为时发现，个体知识共享的主观规范显著影响个体知识共享的意愿。托本（Torben，2004）通过研究发现，当个体在考虑是否换一个渠道购物时，更倾向于听从周围人的意见，即主观规范影响个体的行为意愿。佩德森（Pedersen，2005）以年轻群体为研究对象研究了主观规范与行为意愿之间的关系，指出年轻群体的消费意愿更容易受别人推荐意见的影响。于（Yu，2005）研究了电视购物对人们消费意愿的影响，研究结果表明人们的购物意愿受主观规范的影响。许（Hsu，2008）研究人们在博客中共享知识的行为意愿时指出，人们参与博客的主观规范显著影响其在博客中共享知识的行为意愿。国内也有一些学者单独研究了主观规范与行为意愿之间的关系。王秀丽等（2011）运用回归分析对消费者的网络购买意愿进行了研究，研究结果表明在回归方程中如果加入主观规范，消费者的网络购物意愿被显著影响。崔丽霞等（2012）对青少年抑郁认知情况进行了调查研究，发现重要他人对特定行为的态度会影响个体的行为意愿。

大多数人都有一定的从众心理，城镇居民蔬菜消费意愿很容易受别人的影响，因此，提出如下假设：

假设6-5：城镇居民蔬菜消费决策的主观规范显著影响其蔬菜消费意愿。

(6) 城镇居民蔬菜消费决策的知觉行为控制与蔬菜消费意愿

个体的知觉行为控制影响行为意愿这一结论自提出后，不断被大量学者的研究成果所证实。廖（Liao, 2000）对饭店员工使用进店信息系统的意愿进行了研究，研究结果表明进店信息系统越容易操作，员工的使用意愿就越强烈。佩德森（Pedersen, 2005）研究了人们使用移动电子商务的行为，研究结果表明知觉行为控制显著影响人们使用移动电子商务的意愿，并且，年轻群体知觉行为控制对其移动电子商务的使用意愿的影响要小于其他群体。

从蔬菜消费意愿的角度来分析，城镇居民在购买消费蔬菜时所遇到的阻碍越小，其消费蔬菜的意愿就越强烈，由此，提出如下假设：

假设6-6：城镇居民蔬菜消费决策的知觉行为控制显著影响其蔬菜消费意愿。

基于以上6个方面的分析，本书还提出如下假设：

假设6-7：消费意愿在行为态度、主观规范、知觉行为控制与城镇居民蔬菜消费行为之间的关系上起中介作用。

6.3 态度、主观规范、知觉行为控制对蔬菜消费行为影响的研究设计与数据分析结果

6.3.1 态度、主观规范和知觉行为控制变量的确定与测量

本章研究中所涉及的变量，主要有蔬菜消费的行为态度、蔬菜消费的主观规范、蔬菜消费的知觉行为控制、蔬菜消费意愿和蔬菜消费行为。

城镇居民蔬菜消费的行为态度变量的测量，主要在借鉴阿耶兹（Ajzen, 1988）、格林沃尔德等，（Greenwald et al., 1998）、巴戈齐等（Bagozzi et al., 2001）、弗伦彻等（French et al., 2005）等研究

成果的基础上，根据居民蔬菜消费的特点，自行设计了测量量表，这是因为以往的文献中没有从行为态度的角度来研究蔬菜消费行为的研究成果。在设计量表时，未对知觉行为控制的维度进行划分，我们设计了"我认为多吃蔬菜身体会更健康""我认为平时所购买的蔬菜是安全卫生的""我认为平时所购买的蔬菜是新鲜的""我知道常见蔬菜的吃法"等 4 个测量蔬菜消费行为态度变量的问项，采用李克特的 5 级量表，选项分别为"非常不同意""不太同意""一般""比较同意""非常同意"，分别赋予 1 分、2 分、3 分、4 分、5 分。

城镇居民蔬菜消费的主观规范变量的测量，主要在恰尔迪尼等（Cialdini et al., 1991）、阿耶兹等（Ajzen et al., 1992）、Schiffman 等（2000）、弗伦彻等（French et al., 2005）、Jaeki Song 等（2005）、Meng – Hsiang Hsu 等（2006）等前人研究成果的基础上，根据居民蔬菜消费的特点，自行设计了测量量表，在设计量表时，未对主观规范的维度进行划分，主要设计了"我的父母喜欢吃蔬菜，所以我也喜欢吃""我最好的朋友喜欢吃蔬菜，所以我也喜欢吃""我最喜爱的明星吃蔬菜，所以我也喜欢吃""感冒时，医生建议我多吃蔬菜，所以我每天都吃蔬菜""周围的人都认为吃蔬菜好，所以我也吃""新闻媒体宣传吃蔬菜的好处，所以我每天都吃蔬菜"等 6 个测量蔬菜消费的主观规范变量的问项。采用李克特的 5 级量表，选项分别为"非常不同意""不太同意""一般""比较同意""非常同意"，分别赋予 1 分、2 分、3 分、4 分、5 分。

城镇居民蔬菜消费的知觉行为控制变量，主要在阿耶兹等（Ajzen et al., 1992）、Trafimow 等（2002）、弗朗西斯等（Francis et al., 2004）、Kappinen 等（2005）等前人研究成果的基础上，根据居民蔬菜消费的特点，自行设计了测量量表。在设计量表时，未对知觉行为控制的维度进行划分，主要设计了"在我家的旁边就可以买到新鲜蔬菜""我经常光顾的超市就有大量的新鲜蔬菜供应""在我家旁边销售的蔬菜价格比较便宜""我能分辨买到的蔬菜是否有农药残留""我会烹调蔬菜"等 5 个测量蔬菜消费的主观规范

第6章 基于计划行为理论的城镇居民蔬菜消费行为影响因素分析

变量的问项。采用李克特的5级量表，选项分别为"非常不同意""不太同意""一般""比较同意""非常同意"，分别赋予1分、2分、3分、4分、5分。

关于城镇居民蔬菜消费意愿和消费行为2个变量的测量，仍沿用前文的维度。本章研究中各变量的测量维度、测量题项及参考来源见表6-1。

此外，本章研究中还选取了地区、职业等变量作为控制变量。

调查问卷的形成及调研过程在第三章已加以说明，这里就不再赘述。

表6-1　　　　　　　　变量测量维度

变量	维度	测量题目	参考来源
行为态度		我认为多吃蔬菜身体会更健康	阿耶兹（Ajzen，1988）
		我认为平时所购买的蔬菜是安全卫生的	格林沃尔德等（Greenwald et al.，1998）
		我认为平时所购买的蔬菜是新鲜的	巴戈齐（Bagozzi et al.，2001）
		我知道常见蔬菜的吃法	弗伦彻等（French et al.，2005）
主观规范		我的父母喜欢吃蔬菜，所以我也喜欢吃	恰尔迪尼等（Cialdini et al.，1991）
		我最好的朋友喜欢吃蔬菜，所以我也喜欢吃	阿耶兹等（Ajzen et al.，1992）
		我最喜爱的明星吃蔬菜，所以我也喜欢吃	Schiffman 等（2000）
		感冒时，医生建议我多吃蔬菜，所以我每天都吃蔬菜	Meng - Hsiang Hsu 等（2003）
		周围的人都认为吃蔬菜好，所以我也吃	Jaeki Song 等（2005）
		新闻媒体宣传吃蔬菜的好处，所以我每天都吃蔬菜	弗伦彻等（French et al.，2005）

续表

变量	维度	测量题目	参考来源
知觉行为控制		在我家的旁边就可以买到新鲜蔬菜 我经常光顾的超市就有大量的新鲜蔬菜供应 在我家旁边销售的蔬菜价格比较便宜 我能分辨买到的蔬菜是否有农药残留 我会烹调蔬菜	阿耶兹等（Ajzen et al.,1992） Trafimow 等（2002） 弗朗西斯等（Francis et al., 2004） Kappinen 等（2005）
蔬菜消费意愿	居民消费蔬菜的可能性 居民推荐别人消费蔬菜的可能性 居民未来消费蔬菜的可能性	我每天都想吃蔬菜 我经常推荐周围的人吃各种蔬菜 未来一年内我都想吃蔬菜	文卡特等（Venkatesh et al., 2003） 阿耶兹等（Glanz et al., 1998） 诺伊马克-斯坦纳等（Neumark-Sztainer et al., 1999） Sniehotta 等（2005） Lee（2011）
蔬菜消费行为	蔬菜消费频率 蔬菜消费量	在过去的一个月内，我每一餐都吃蔬菜 在过去的一个月内，我平均每天吃500g 蔬菜	马西森（Mathieson,1991）、巴特彻济（Battacherjee, 2000）、靳明等（2008）、唐学玉等（2010）

6.3.2 数据分析与处理结果

（1）信度检验

表 6-2 是本次调研数据的 Cronbach's α 值。从表 6-2 中可以看出，蔬菜消费行为态度变量用 4 项指标来测量，Cronbach's α 值为 0.928，蔬菜消费主观规范变量用 6 项指标来测量，Cronbach's α 值为 0.966，蔬菜消费知觉行为控制变量用 5 项指标来测量，

Cronbach's α 值为 0.948，蔬菜消费意愿变量用 3 项指标来测量，Cronbach's α 值为 0.908；蔬菜消费行为变量用 2 项指标来测量，Cronbach's α 值为 0.832，且问卷的整体信度 Cronbach's α 值为 0.863，说明本研究所用的问卷有较好信度。

表6-2　　　　　　　　信度检验数值

构念	观测项	Cronbach's α
消费意愿（CI）	CI1	0.908
	CI2	
	CI3	
消费行为（CB）	CB1	0.832
	CB2	
行为态度（BA）	BA1	0.928
	BA2	
	BA3	
	BA4	
主观规范（SN）	SN1	0.966
	SN2	
	SN3	
	SN4	
	SN5	
	SN6	
知觉行为控制（PBC）	PBC1	0.948
	PBC2	
	PBC3	
	PBC4	
	PBC5	

（2）效度检验

效度检验主要采用的是主成分因子分析方法，运用因子分析法判断效度的标准是：各变量的因子载荷应超过 0.5，最好超过 0.7，且每个变量的平均方差提取数最好超过 0.5。

表 6-3、表 6-4、表 6-5、表 6-6、表 6-7、表 6-8 是各变量的 KMO 和 Bartlett 球状检验值、因子载荷值和平均方差提取数值，本章研究中因子分析按照主成分分析法中因子特征值大于 1 的标准来进行。其中，蔬菜消费行为态度变量的题测项提取的一个因子解释的总方差为 83.225%，而 4 个题测项的取样足够度值为 0.723，Bartlett 的球形度检验近似卡方值为 2307.159.469（df 为 6，p 为 0.000），蔬菜消费行为的主观规范变量的题测项提取的一个因子解释的总方差为 83.031%，而 6 个题测项的取样足够度值为 0.924，Bartlett 的球形度检验近似卡方值为 3344.842（df 为 15，p 为 0.000），蔬菜消费行为的知觉行为控制变量的题测项提取的一个因子解释的总方差为 82.828%，而 5 个题测项的取样足够度值为 0.808，Bartlett 的球形度检验近似卡方值为 2882.095（df 为 10，p 为 0.000），消费意愿变量的题测项提取的 1 个因子解释的总方差为 84.446%，而 3 个题测项的取样足够度值为 0.743，Bartlett 的球形度检验近似卡方值为 949.158（df 为 3，p 为 0.000），适合做因子分析；消费行为变量的题测项提取的 1 个因子解释的总方差为 85.614%，而 2 个题测项的取样足够度值为 0.605，虽然低于 0.7 的最好标准，但因为 Bartlett 的球形度检验近似卡方值为 328.133（df 为 1，p 为 0.000），显著性较好，因此也适合做因子分析。表 6-8 是消费意愿的 3 个题测项、消费行为的 2 个题测项、行为态度的 4 个题测项、主观规范的 6 个题测项和知觉行为控制的 5 个题测项一起做因子分析的各维度的因子负荷（Factor Loading）和平均方差提取数 AVE，从表 6-8 中可以看出，所有测量项的因子载荷均超过 0.7，即各题测项能很好地测量出变量的基本情况。另一方面，5 个变量测量维度的平均方差提取数分别为 0.759、0.801、0.811、0.812、0.802，都达到了有效标准（AVE > 0.5）。通过以上分析，可以说明本研究所用测量问卷的聚合效度较好。

表6-9中给出的是调查样本中变量与变量之间的协方差及相应变量的平均方差提取数 AVE，从表6-9中所列的数值可以看出，变量与其他任何一个变量的协方差均小于该变量的平均方差提取数 AVE，因此，本章的研究所用的问卷有较好的区分效度。

表6-3 消费意愿的 KMO 和 Bartlett 球状检验值

取样足够度的度量		0.743
Bartlett 的球形度检验	近似卡方	949.158
	df	3
	Sig.	0.000

表6-4 消费行为的 KMO 和 Bartlett 球状检验值

取样足够度的度量		0.605
Bartlett 的球形度检验	近似卡方	328.133
	df	1
	Sig.	0.000

表6-5 蔬菜消费行为态度的 KMO 和 Bartlett 球状检验值

取样足够度的度量		0.723
Bartlett 的球形度检验	近似卡方	2307.159
	df	6
	Sig.	0.000

表6-6 蔬菜消费行为主观规范的 KMO 和 Bartlett 球状检验值

取样足够度的度量		0.924
Bartlett 的球形度检验	近似卡方	3344.842
	df	15
	Sig.	0.000

表6-7 蔬菜消费行为知觉行为控制的 KMO 和 Bartlett 球状检验值

取样足够度的度量		0.808
Bartlett 的球形度检验	近似卡方	2882.095
	df	10
	Sig.	0.000

表6-8 聚合效度检验数值

构念	观测项	因子负荷	平均方差提取（AVE）
消费意愿（CI）	CI1	0.875	0.759
	CI2	0.892	
	CI3	0.846	
消费行为（CB）	CB1	0.930	0.801
	CB2	0.859	
行为态度（BA）	BA1	0.810	0.811
	BA2	0.864	
	BA3	0.952	
	BA4	0.967	
主观规范（SN）	SN1	0.787	0.812
	SN2	0.906	
	SN3	0.946	
	SN4	0.898	
	SN5	0.913	
	SN6	0.948	
知觉行为控制（PBC）	PBC1	0.929	0.802
	PBC2	0.883	
	PBC3	0.823	
	PBC4	0.888	
	PBC5	0.949	

第6章 基于计划行为理论的城镇居民蔬菜消费行为影响因素分析

表 6-9　　　　　　　　　区分效度检验数值

	CI	CB	BA	SN	PBC
消费意愿（CI）	**0.759**				
消费行为（CB）	0.297	**0.801**			
行为态度（BA）	0.255	0.214	**0.811**		
主观规范（SN）	0.291	0.194	0.170	**0.812**	
知觉行为控制（PBC）	0.361	0.221	0.136	0.121	**0.802**

注：表中黑体数字为各个构念的 AVE 数值。

（3）同源偏差检验

本章的研究是用问卷调查的方式来获得数据的，因为每一份问卷的所有题测项都是由同一调研对象来填写的，所以，问卷所收集到的数据可能会出现同源偏差（commonmethod variance，CMV）问题。为了避免出现这一问题，本章的研究在设计调查用问卷时，使用了被试对象信息隐匿法、题项反向设置及选项重测法的方法，以便在正式研究前尽可能减少同源偏差问题出现的可能性。问卷调查收到的数据汇总后，本研究根据其他学者经常采用的单因子检测方法来检验问卷数据的同源偏差，单因子检测方法就是将测量量表的所有题测项数据一起来做因子分析，未旋转时的第一个因子解释的总方差就是 CMV 的量。本研究将问卷中行为态度、主观规范、知觉行为控制、消费意愿和消费行为等变量的所有测量条目放在一起做了因子分析，在未旋转时，并未只析出一个公因子，且第一个因子解释的总方差是 25.050%，没有占到多数，因此，可以认为本研究所用问卷的同源偏差并不严重。

（4）假设检验

在运用 SPSS 21.0 对数据进行回归分析之前，本章的研究做了 Anova 方差分析检验回归模型整体的显著性，从表 6-10、表 6-11、表 6-12、表 6-13、表 6-14、表 6-15 中可以看出，本研究中所有回归模型的显著性均达到了 0.000 的水平，说明各自变量对因变量存在显著的影响，且各变量 VIF 值均在 10 以下，说明变量间不存在多重共线性。

表 6-10　　　　　　　模型 (6-1) Anova^a

模型		平方和	df	均方	F	Sig.
6-1	回归	4.926	2	2.463	2.479	0.085^b
	残差	460.074	463	0.994		
	总计	465.000	465			

注：a. 因变量：消费行为。
　　b. 预测变量：(常量)、地区、职业。

表 6-11　　　　　　　模型 (6-2) Anova^a

模型		平方和	df	均方	F	Sig.
6-2	回归	52.447	5	10.489	11.613	0.000^b
	残差	410.971	455	0.903		
	总计	463.418	460			

注：a. 因变量：消费行为。
　　b. 预测变量：(常量)、地区、职业、行为态度、主观规范、知觉行为控制。

表 6-12　　　　　　　模型 (6-3) Anova^a

模型		平方和	df	均方	F	Sig.
6-3	回归	5.134	2	2.567	2.584	0.077^b
	残差	459.866	463	0.993		
	总计	465.000	465			

注：a. 因变量：消费意愿。
　　b. 预测变量：(常量)、地区、职业。

第6章 基于计划行为理论的城镇居民蔬菜消费行为影响因素分析

表 6-13　　　　　　　　模型（6-4）Anova[a]

模型		平方和	df	均方	F	Sig.
6-4	回归	109.140	5	21.828	27.969	0.000[b]
	残差	355.098	455	0.780		
	总计	464.238	460			

注：a. 因变量：消费意愿。
　　b. 预测变量：（常量）、地区、职业、行为态度、主观规范、知觉行为控制。

表 6-14　　　　　　　　模型（6-5）Anova[a]

模型		平方和	df	均方	F	Sig.
6-5	回归	44.609	3	14.870	16.341	0.000[b]
	残差	420.391	462	0.910		
	总计	465.000	465			

注：a. 因变量：消费行为。
　　b. 预测变量：（常量）、地区、职业、消费意愿。

表 6-15　　　　　　　　模型（6-6）Anova[a]

模型		平方和	df	均方	F	Sig.
6-6	回归	64.683	6	10.780	12.275	0.000[b]
	残差	398.735	454	0.878		
	总计	463.418	460			

注：a. 因变量：消费行为。
　　b. 预测变量：（常量）、地区、职业、行为态度、主观规范、知觉行为控制、消费意愿。

表 6-16 是控制变量、行为态度、主观规范、知觉行为控制、蔬菜消费意愿与蔬菜消费行为的具体回归结果，其中，模型（6-1）是控制变量对消费行为的回归模型。从模型（6-1）中可以发现，控制变量对因变量的影响不显著，这进一步验证了第四章所得到的相关结论；模型（6-2）是加入自变量蔬菜消费的行为态度、主观规范、知觉行为控制的回归模型，用来检验城镇居民的行为态度、

主观规范、知觉行为控制与蔬菜消费行为的主效应关系,从表 6-16 中可以看出,行为态度、主观规范、知觉行为控制对消费行为的回归系数分别为 0.169 (p < 0.001)、0.131 (p < 0.05)、0.187 (p < 0.001),分析结果表明,行为态度、主观规范、知觉行为控制与城镇居民蔬菜消费行为之间是正向相关关系,即行为态度、主观规范、知觉行为控制显著影响城镇居民的蔬菜消费行为,实证结果表明,假设 6-1、假设 6-2、假设 6-3 得到了验证。模型 (6-3) 是控制变量对城镇居民蔬菜消费意愿的回归模型。模型 (6-4) 是行为态度、主观规范、知觉行为控制与城镇居民蔬菜消费意愿的关系模型,从表 6-16 中可以看出,行为态度、主观规范、知觉行为控制对消费行为的回归系数分别为 0.178 (p < 0.001)、0.219 (p < 0.001)、0.313 (p < 0.001),数据分析结果表明,行为态度、主观规范、知觉行为控制与城镇居民蔬菜消费意愿存在正相关关系,即行为态度、主观规范、知觉行为控制显著影响城镇居民的蔬菜消费意愿,城镇居民对于蔬菜行为的态度愈正向时,则其个人的蔬菜消费意愿愈强;对于蔬菜消费行为的主观规范愈正向时,同样,其个人的蔬菜消费意愿也会愈强;而当城镇居民的蔬菜消费态度与主观规范愈正向且知觉行为控制愈强的话,则其个人的蔬菜消费意愿也会更强,实证结果表明,假设 6-4、假设 6-5、假设 6-6 得到了验证。模型 (6-5) 是城镇居民蔬菜消费意愿与蔬菜消费行为的关系模型,结果表明,城镇居民蔬菜消费意愿与蔬菜消费行为之间存在正相关关系 ($\beta = 0.294$, $p < 0.001$),即城镇居民蔬菜消费意愿显著影响蔬菜消费行为,城镇居民的蔬菜消费意愿越强烈,越可能采取蔬菜消费行为。

本章在假设 6-7 中提出,蔬菜消费意愿在生活习惯与城镇居民蔬菜消费行为之间起到中介作用。本章的研究仍采用前文所用的方法来验证蔬菜消费意愿在主效应模型中的中介作用。从表 6-16 中可以看出,前 3 个条件已得到满足,为了满足第 4 个条件,本章的研究将城镇居民行为态度、主观规范、知觉行为控制、蔬菜消费意愿与蔬菜消费行为一起进行回归,得到回归模型(6-6)。从表6-16中可以看出,将蔬菜消费意愿加入回归模型后,自变量行为态度、主观规范、知觉行为控制对城镇居民蔬菜消费行为的影响减弱,因此,我们可以认为蔬菜消费意愿在行为态度、主观规范、知觉行为控制与城镇居民蔬菜消费行为之间起到了部分中介的作用,即行为态度、主观规范、知觉行为控制经由蔬菜消费意愿来对城镇居民蔬菜消费行为产生影响,也可能直接对城镇居民蔬菜消费行为产生影响。实证结果表明,假设6-7得到了验证。

表6-16 回归结果

		消费行为		消费意愿		消费行为	
	变量	模型(6-1)	模型(6-2)	模型(6-3)	模型(6-4)	模型(6-5)	模型(6-6)
控制变量	常数项	0.004	0.023	0.277	0.324	-0.077	-0.038
	地区	-0.043	-0.081	-0.104	-0.114**	-0.046	-0.060
	职业	0.055	0.066	-0.109	-0.026	0.074	0.071
自变量	行为态度		0.169***		0.178***		0.136**
	主观规范		0.131**		0.219***		0.090**
	知觉行为控制		0.187***		0.313***		0.129**
中介变量	消费意愿					0.294***	0.186***
	F	2.479	11.613***	2.584	27.969***	16.341***	12.275***

注:**、***表示 $p<0.05$、$p<0.001$;表中所示为标准化系数,模型中没有出现城镇居民的行为态度、主观规范、知觉行为控制、蔬菜消费意愿和蔬菜消费行为等变量的测量维度,主要是因为本章是对变量的整体效应进行研究,没有研究各维度的效应。

6.4 态度、主观规范、知觉行为控制对蔬菜消费行为影响的实证研究结果的讨论

计划行为理论认为,个体的行为受到个体的行为态度、主观规

范、知觉行为控制、行为意愿的显著影响，且个体的行为态度、主观规范和知觉行为控制主要通过影响行为意愿来影响个体的行为（Ajzen，1986）。这一研究结论自提出以来，就受到研究行为的学者的青睐，很多学者都运用这一理论来研究个体的不同行为，也因此，这一理论也被大量文献所证实，但关于个体的行为态度、主观规范和知觉行为对个体蔬菜消费行为的影响研究则较少，尤其鲜见运用计划行为理论系统地研究城镇居民蔬菜消费行为的成果。国外学者更多的是研究人口统计特征变量对居民蔬菜消费行为的影响，虽有一些学者在研究居民蔬菜消费行为时，引入社会规范、消费障碍等个体心理变量实证分析了其对蔬菜消费行为的影响（Richard et al.，2005；Jennifer et al.，2009；Jana et al.，2010；Dehghan et al.，2010；James，2011；Linda et al.，2011；Oliveira et al.，2014），但这些研究只是从计划行为理论中截取了一部分影响行为的前因变量，没有系统地运用计划行为理论研究居民的蔬菜消费行为。国内运用计划行为理论研究个体行为的成果较多，但这些研究主要集中在低碳消费行为（王建明等，2011）、安全农产品和绿色农产品的消费行为（青平、李崇光，2005；靳明等，2008；唐学玉等，2010）、环保产品的消费行为（金晓彤等，2015）以及其他行为上，较少有学者运用计划行为理论系统地研究行为态度、主观规范和知觉行为控制对城镇居民蔬菜消费行为的影响，更鲜见城镇居民蔬菜消费行为影响机制的研究。本章运用多元回归方法系统地研究了行为态度、主观规范和知觉行为控制对城镇居民蔬菜消费行为的影响及其机制，研究结果表明城镇居民的蔬菜消费行为与城镇居民蔬菜消费的行为态度、主观规范和知觉行为控制密切相关。具体来说，城镇居民对蔬菜消费过程中各种影响因素的评价越高，其消费蔬菜的意愿就越强烈，消费频率和消费量就会高于其他城镇居民；城镇居民周边的人或社会媒体对蔬菜消费的评价越正向，其消费蔬菜的意愿就越强烈，消费频率和消费量就越高；城镇居民在消费蔬菜的过程中所遇到的促进因素越多、越正面，其消费蔬菜的意愿就越强烈，消费频率和消费量就越高。

行为态度之所以会正向影响城镇居民的蔬菜消费行为，这可能是因为城镇居民对蔬菜的评价越高，即城镇居民认为蔬菜对身体健康有好处，且消费的蔬菜是安全卫生的，他就会从有利于身体健康的角度去考虑，进而强化其消费蔬菜的意愿；主观规范之所以会正向影响城镇居民的蔬菜消费行为，这可能是因为城镇居民有很强的从众消费心理，当其周边的人正面评价蔬菜消费以及发生蔬菜消费行为时，他们就会模仿周边人的行为；知觉行为控制之所以会影响城镇居民的蔬菜消费行为，这可能是因为人们都有畏难的心理，当他们在消费蔬菜的过程中遇到的阻碍及困难较少时，他们就可能选择蔬菜消费行为。

本章的研究虽然进一步说明城镇居民蔬菜消费行为影响因素及其影响机制，也进一步验证了计划行为理论在蔬菜消费行为上的预测效力，但仍存在一些局限性：一是研究设计时，没有对行为态度、主观规范和知觉行为控制进行维度的划分，且没有分析三个变量各维度对城镇居民蔬菜消费行为的影响，这虽然是因为本章主要研究这三个变量影响城镇居民蔬菜消费行为的整体效应，但已有的研究表明，行为态度、主观规范和知觉行为控制等变量的不同维度对消费意愿和消费行为的影响程度是不一样的，这一局限可能会影响本章研究结论的精确性。二是本章的研究分析了城镇居民蔬菜消费行为的前因变量，但前因变量对城镇居民蔬菜消费行为的影响程度可能还会受到其他变量的影响，即本章未能分析其他因素在行为态度、主观规范、知觉行为控制与消费意愿、消费行为关系上的调节作用。不过，在后面的章节中，将继续讨论其他一些因素对城镇居民蔬菜消费意愿与蔬菜消费行为关系上的调节作用，这可以在一定程度上弥补这一缺陷。

6.5 本章小结

本章在第 4 章和第 5 章研究人口统计特征变量、生活习惯对城镇居民蔬菜消费行为影响机制的基础上，基于计划行为理论，采用规范的实证研究方法，提出了行为态度、主观规范和知觉行为控制等变量对城镇居民蔬菜消费行为影响的理论模型和研究假设，并对研究假设进行了验证。最终发现行为态度、主观规范、知觉行为控制等变量对城镇居民的蔬菜消费意愿和蔬菜消费行为产生了显著影响；行为态度、主观规范和知觉行为控制等变量通过影响城镇居民蔬菜消费意愿进而间接影响其蔬菜消费行为。

第 7 章

自我效能感在城镇居民蔬菜消费意愿与行为关系上的调节作用分析

前文实证研究了人口统计特征变量、生活习惯变量以及基于计划行为理论的行为态度变量、主观规范变量和知觉行为控制变量等对城镇居民蔬菜消费行为的影响机制。在这些研究中都提出了蔬菜消费意愿显著影响城镇居民蔬菜消费行为的假设,这一假设的提出是基于计划行为理论及已有的其他研究成果。实际上,绝大部分个体行为方面的研究也都假定个体意愿的改变会导致个体行为的改变(Sniehotta, 2009),但个体有时候没有完全根据他的意愿来采取相应的行为。比如很多人都想创业(意愿),但真正开始创业(行为)的人却很少,即创业意愿并没有转化为创业行为。究其原因,有些人可能是因为创业的信心不足导致他没有将创业的意愿转化为创业行为,也就是说,信心在创业意愿与创业行为的关系之间起到了调节作用。有鉴于此,本章拟继续对城镇居民的蔬菜消费行为进行研究,着重研究在城镇居民将蔬菜消费意愿转化为蔬菜消费行为过程中起到调节作用的变量及其调节效应。

7.1 引言

个体的意愿导致个体的行为，这是大部分个体行为研究的基本假设前提，但也有一些研究和实践表明，个体的意愿有时并没有直接转化为行为（Weinstein，1989；Tierney et al.，2002；Trouilloud，2006；Pringle，2010），因此，可能还存在其他因素会促进个体意愿向个体行为的转化。已有的一些文献也证明，个体行为意愿与个体行为之间还存在一些中介变量，比如，自我效能感，即个体行为意愿并不完全直接导致个体行为，个体意愿有时会通过影响个体的自我效能感进而间接影响个体行为（Schwarzer，2008），当然，自我效能感对个体意愿与行为的影响机制也可能包括调节机制或被调节的中介机制。

要研究行为改变是如何发生的，我们需要引进中介变量分析中介效应，要研究这种改变机制在什么情况下是有效的，我们需要引入调节变量分析其调节效应（MacKinnon，Luecken，2008）。中介效应是指，一个影响是如何发生的，即一个自变量通过一个中介变量影响因变量，调节效应是指，在什么情况下或对哪些人来说，自变量能够更好地预测因变量。

个体的行为意愿越强烈，个体采取某种行为的可能性就越大，但有时候这种关系是不成立的，因此，个体行为意愿与个体行为之间的关系可能还受到其他因素的影响，自我效能感就是经常被用来调节意愿与行为之间关系的一个变量。通过梳理已有的文献发现，个体的自我效能感对健康饮食意愿与健康饮食行为之间的关系具有显著的调节作用（Mata et al.，2010），这主要是因为自我怀疑的人一般没有信心将自己的意愿转化为行为，而对于具有高自我效能感的人来说，他们一般都乐观自信，更容易将意愿直接转化为行为。因此，本章将自我效能感作为城镇居民蔬菜消费意愿与蔬菜消费行为之间关系上的调节变量,是科学可行的。

7.2 自我效能感的理论回顾与研究假设

7.2.1 研究的理论基础

(1) 自我效能感的内涵

20世纪70年代,美国著名的心理学家班杜拉(Bandura)出版了《思想和行动的社会基础:社会认知论》一书,在书中提出了自我效能感这一概念,并认为自我效能感是指"个体对自己能运用其已经具备的能力去较好地完成某种特定行为的相信程度"。自我效能感这一概念被提出后,广泛地应用于心理学、社会学和组织行为学领域的研究,一直受到各个领域学者的关注,也因此极大地丰富和发展了自我效能理论,特别是一些学者的实证研究进一步检验了自我效能感在个体行为上的影响作用,但至今仍没有一个多数学者共同接受且明确的关于自我效能的概念界定,特别是自我效能感与一些相关概念仍较难区分,这也导致在应用自我效能感进行研究时,很难有受大家认可的测量自我效能感的量表。

班杜拉认为,不同的活动领域之间有较大的差异性,也导致不同领域需要不同的能力和技能,因此,个体的自我效能感会因其所处领域的不同而不同。班杜拉认为,行为的结果因素与先行因素影响个体的行为,而个体行为的结果因素就是指心理学中提到的"强化",但是,班杜拉对强化的看法不同于传统心理学对强化的看法。他认为,个体即使在学习过程中没有受到强化,也一样能得到相关的信息,从而使新的行为形成。因此,班杜拉质疑强化的函数就是行为出现的概率这一观点,他进一步指出,个体行为的产生不完全是强化的结果,而是个体在认识了强化与行为之间的相互关系后,对下一步强化的期望。班杜拉提出的"期望"概念,也与传统心理学上的"期望"概念不同。传统心理学上的期望主要是指,对结果的期望,而班杜拉认为个体除了对结果的期望外,还会有一种效能期望。结果期望是指,个体对其将要实施的某种目标行为可能导致的结果的预期,如果个体预期到他的某一目标行为可能会导致他所期望的结果,那么,个体就可能选择实施这一目标行为。比如,企业员工如果感觉到其努力工作就会获得他所期望的升职或加薪,他就有可能努力工作。效能期望则是指,个体对自己是否有能力完成某种目标行为的推测或判断,即个体对自己完成某种目标行为的信心。当个体相信其有完成某一目标行为的能力时,他的"自我效能感"就会高,进而他就会去完成某种目标行为。比如,对于企业员工来说,他必须不仅感觉到刻苦努力地工作可以使他获得升职或加薪的好处,而且还应感觉到自己有能力去完成工作时,他才会努力工作。因此,个体在掌握了相关知识和技能后,行为的决定因素就变成了自我效能感。

班杜拉等在深入研究自我效能感后,进一步提出了自我效能感形成的影响因素。

一是替代经验(vicarious experiences)或模仿。观察他人的替代经验,是个体效能期望的来源之一。但是,班杜拉指出,要想通过模仿来获得效能期望,必须要保证模仿对象的情况与模仿者的情况一致。

二是情绪唤醒(emotion arise)。情绪唤醒是指,个体的心理对外界刺激重新产生反应的过程。班杜拉在其相关研究中指出,个体的自我效能感会受到高水平的情绪唤醒的影响。个体在拟实施某种目标行为之前的身心反应以及比较紧张或激动的情绪,可能会降低个体行为的良好表现,而自我效能感也会随之降低。

三是言语劝说(verbal persuasion)。因为言语劝说简单且效果显著,所以在促进个体形成较高的自我效能感时被普遍采用,言语劝说要想获得较好效果,必须保证采用言语劝说方式的人的言语与实际情况相符。如果他们的言语劝说毫无事实根据，则很难影响别人的自我效能感，如果在替代经验的基础上再进行言语劝说，则比单独言语劝说的效果要好。

四是个体过去的成败经验（direct experiences）。这是影响个体自我效能感的最大因素。在通常情况下，效能期望会随着不断获得成功的经验而提高，随着持续不断地失败而降低。但事实上，效能期望被成功经验影响还取决于个体对成功的归因方式，如果个体认为其成功是因为外部机遇等自身不可控制因素的影响，则其自我效能感就不会增强，而如果个体认为其失败是因为能力等自身可控制因素的影响，则其自我效能感就不一定会降低。

五是情境条件。也就是指个体所面临的环境，环境一般会影响个体的心理和情绪，这已经被大量研究所证实，如果个体进入一个陌生且容易引起负面情绪的情境中时，就会降低其自我效能感的水平与强度。

班杜拉等还深入研究了自我效能感的作用，他们在研究过程中发现个体在选择某种行为时受到自我效能感的显著影响，而且，自我效能感还会导致人们是否会一直坚持该种行为；当人们遇到困难时，他对待困难的态度和看法也会受到他的自我效能感的影响；当人们想要实施新的行为时，对新行为的选择及效果预期都会受到自我效能的影响；行为时的情绪受其自我效能感的影响。与此同时，班杜拉等对功能做了具体说明，即具有高自我效能感的人，会有较高的期望值，比较看重成绩，能理智冷静地处理问题，喜欢迎接各种复杂的挑战且能够控制自暴自弃的想法；具有低自我效能感的人，遇事畏缩不前、害怕失败，处理问题过于情绪化，遇到困难时不知所措，且容易受各种负面情绪的干扰。

目前，大部分研究自我效能感的学者对自我效能感的看法，主要分为非特质取向和特质取向两派，持非特质取向观点的学者认为自我效能感在不同情境下是不同的，即是非特质的，持特质取向观点的学者认为自我效能感是普遍的，无论什么情境下都是一样的，具有特质性，不会因情境的不同而不同。在自我效能感的结构上，目前也有单一维度和多重维度等两种观点。大多数学者都认为，自我效能感具有多重维度。

自我效能理论最早研究个体的效能。在对个体自我效能感的研究取得较好的成果后，班杜拉进一步提出了集体效能的概念，从而进一步拓展了其提出的自我效能理论的内涵。集体效能是指，一个组织的成员对整个组织是否有能力完成拟实施的集体行为的判断与推测，它主要体现在对集体操作性能力的判断上。但班杜拉进一步指出，集体中个体效能的总和并不是集体效能，集体效能是组织成员之间相互作用的动态过程所体现的一种能力属性。目前，关于集体效能的研究仍然以个体效能的研究成果为基础，已初步建立了集体效能的相关理论。但是，集体效能不是个体效能的叠加，因此，关于集体效能的研究有其特殊性，也因此有其自身的特点。比如，信息多元化、高度的国际分工与合作对集体效能影响的研究仍有待进一步开展。

（2）调节变量的理论解释

任何已经存在的科学理论都是在一定的限制条件或情境下成立的，而调节变量的主要作用就是给现有的科学理论划定限制条件和适用范围或情境。人类认知能力是有限的，因此，研究者所提出或发现的各种理论不可能普遍适用，必然有一定的局限性，只是因为在理论提出的初始阶段，研究者很难有时间、精力或资源去考虑到所有的限制条件和适用范围。现代的科学研究一般都是以波佩尔（Popper）的证伪主义为原则来积累知识，并把一个理论是否存在证伪的可能性作为判断科学与非科学的依据。我们在自己的认知范围内得出一个结论，并希望它是普遍适用的，随着不断地研究，发现错了的就否定，没发现错的就保留。采用这样的方法有一个问题，就是一旦发现反例就要把原有的理论全部推翻。然而，有时并不是理论本身错了，而是没有界定理论背后的假设或是边界条件。后来，拉卡托斯（Lakatos）修正了（Popper）的理论，通过深入研究提出了精致的证伪主义，他更进一步地指出理论内核、理论背后的各种假设以及理论外部的边界条件构成了理论的主要内容。当有些研究者采用科学的实证研究方法将理论的提出过程进行重复以检验该理论后，如果发现这个理论的应用范围或适用条件有问题时，不应该轻易地否定该理论进而放弃该理论的核心，而应该尝试去调整辅助假设或边界条件。在此基础上，如果发现该理论还是有问题时，才应该放弃理论核心。调节变量的作用就在于，通过在不同条件下研究一组关系的变化及其背后的原因来拓展或丰富原有的理论。这里所说的"不同条件"就是指理论的边界条件或适用范围。因此，要拓展已有的理论，从而使理论对变量间关系的解释更为准确就必须引入调节变量。

那么，调节变量是什么呢？用数学的方式来解释就是，如果变量 B 能由变量 A 来解释，但第三个变量 M 显著影响变量 A 对变量 B 的解释作用，那么，第三个变量 M 就被称为调节变量。调节变量 M 对变量 A 和变量 B 的关系上所起到的影响，就被称为调节作用。那么，如果有调节变量，要如何进行陈述呢？一般是这样陈述的，即"对于什么人"或"在哪样的情况下"，变量 B 能够更好地由变量 A 来解释，或变量 A 对变量 B 的影响显著增强？以金克曼（Kikrman）、罗森（Rosen）、特萨克（Tesluk）、吉布森（Gibson）、克里斯蒂娜（Cristina）关于团队授权的研究为例。他们在文章的假设 4 （H4）中提出，以往研究发现团队授权正向影响团队绩效，但由于存在虚拟团队这一变量，因此，团队授权与团队绩效的关系并不总是成立。另外一个调节变量——"面对面"交谈的次数影响着团队授权与团队绩效之间的关系，由此，他们提出了自己的研究假设："团队中'面对面'交谈的次数会调节团队授权与团队绩效（顾客满意度）之间的关系。在面谈次数较少（虚拟程度高）的团队中，团队授权与顾客满意度之间的关系较强；而在面谈次数较多（虚拟程度低）的团队中，团队授权与顾客满意度之间的关系较弱"。在图 6-1 中，"'面对面'交谈的次数"有一个箭头指向"团队授权"影响"虚拟团队绩效"的箭头（注：这个调节变量既不是指向"团队授权",也不是指向"虚拟团队绩效",而是指向"团队授权"变量与虚拟团队绩效变量之间的关系),这一表示方式很好地说明了调节变量理论模型的形式是怎样的。调节变量对自变量与因变量之间关系的调节作用,主要表现在调节变量调节自变量与因变量之间的关系强度上和调节自变量与因变量之间的关系方向上。调节变量的这一调节作用如果用数学语言来加以说明应该是这样:如果变量 M 是关于变量 B 与变量 A 的关系函数,那么,变量 M 就被称为变量 B 与变量 A 之间关系的调节变量。而调节变量的取值在管理学的实证研究中一般可以是连续变量(如工作时间、情商等),也可能是类别变量(如受教育程度、民族、地区等)。

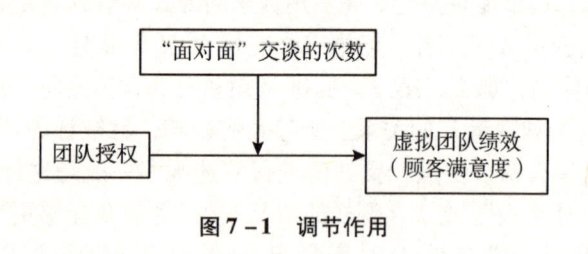

图 7-1 调节作用

举个例子,早期研究发现组织承诺(organizational commitment)的一种形式——情感承诺(affective commitment)会影响员工离职(turnover),情感承诺越高的人,跳槽的可能性就越小。但是,这个关系是受外部环境影响的,如果市场上没有其他工作机会,就算承诺再低的人也不会跳槽,因为他找不到其他工作。所以,工作机会就是一个调节变量。

基于此,本章的研究也将探讨在什么情况下,城镇居民的蔬菜消费意愿对蔬菜消费行为的影响会增强或减弱。

7.2.2 理论回顾与研究假设

自我效能感这一概念自提出来后,就受到社会学、心理学、组

第7章 自我效能感在城镇居民蔬菜消费意愿与行为关系上的调节作用分析

织行为学等领域研究者的关注，大量的研究者都对其进行了广泛而细致的研究。麦道斯（Maddux, 1980）认为，自我效能感是使得人们能够实现与周围的人和事互动交流的性格特征。阿什顿（Ashton, 1986）将自我效能感定义为：个体在特定情境下做出某种反应的心理状态。兰丁（Landine, 1998）依据组织行为学理论，给自我效能感界定了一个更为广泛且更具实用性的定义：自我效能感指的是，一种个体对自身所具能力的明确的信心或者信念，这种信念使得人们能够在特定的情境下，努力地调动知识、能力、时间、金钱等一系列资源去完成某种目标行为。

目前，与自我效能感相关的研究一般是将其作为前因变量、中介变量和调节变量。

关于自我效能感作为前因变量的研究。麦克唐纳（Mcdonald, 1992）以技术人员作为研究对象，结果发现自我效能与组织承诺和工作满意度均呈现显著正相关，而与工作倦怠、离职倾向呈现显著负相关。罗伯森（Robertson, 1993）运用现场研究探索了管理者的自我效能感与其工作绩效的关系，结果表明管理者的自我效能感是影响其管理工作绩效的重要变量；厄利（Earley, 1994）的研究结果表明，自我效能感与其团队的工作绩效存在着显著正相关关系。贾奇（Judge, 2007）探讨员工的自我效能与工作满意度关系，也发现自我效能与工作满意度有显著正相关。瓦哈（Jawahar, 2008）通过实证研究，指出任务绩效显著地受到自我效能感的影响，与个体的其他技能相比，自我效能感能显著地解释任务绩效。布鲁索（Brusso, 2012）通过研究发现，如果培训不以目标为导向，而是关注学员的自我效能感，则学员后期表现及其绩效会显著提升，这进一步验证了培训要想成功，必须提升学员的自我效能感，进而制定切合实际目标的结论。

关于自我效能感作为中介变量的研究。吉梅森（Jimmieson, 2000）以自我效能为中介，研究员工在压力下对行为控制的反应，通过研究工作控制、自我效能、角色冲突等因素，探讨了员工工作满意度、身体健康及心理幸福感。研究证实，自我效能影响工作的主要效果、工作满意度，以及身心健康；帕克（Parker，2001）指出，重要员工心理认知状态在情境因素与主动性行为之间的关系上起中介作用。重要的组织情境因素是员工信任，员工的关键心理认知状态是角色宽度自我效能感，因此，中介变量还应包括角色宽度自我效能感。Wei-Tao Tai（2006）探讨了训练架构、自我效能和受训动机对受训者的训练效能的影响。他在电脑软件操作及设计的课程中，以126名员工为对象进行研究，在期初、期中及期末请受训者填写问卷，并在课程结束时进行测验。研究发现，自我效能及受训动机会影响学习反应与学习结果的转化应用。

关于自我效能感作为调节变量的研究。胡贝尔（Huber，1984）发现，与人际有关的自我效能对于目标的设定与达成会有正面的影响。洛克（Locke，1984）指出，当个体认为自己没有能力达成目标时，会倾向于放弃目标；相反地，当个体越认为自己有能力达成目标时，其工作动机越高、表现越好、越愿意对目标付出努力，而且在遇到困难时越不易感到挫折、越愿意持续下去。利特尔（Little，1997）以企业员工为研究对象实证分析了自我效能感调节工作压力的作用，研究结果表明影响员工控制工作的水平与欲望的重要因素是自我效能感，工作压力大小的调节受自我效能感的影响。勒平（LePine，2005）在元分析研究中指出，未来的研究应关注自我效能感在调节挑战性、阻断性压力与结果变量关系中的作用机制。谢和拉姆（Xie，Lam，2008）以企业员工为调研对象实证研究了工作特征模型对不同特征个体的适应性，研究结果表明控制点、自我效能感等个体特征在其关系中起到调节作用。

国外关于自我效能感的研究还有很多，国内近年来与自我效能感相关的研究主要集中在创业行为、组织绩效、消费行为、创新行为等方面（钟卫东等，2007；顾远东等，2010；刘万利等，2011；周浩等，2011；渠彩霞等，2012；孙红霞等，2013；何伟等，2014；王双龙，2015）。事实上，只要研究行为，无论是个体行为还是组织行为，自我效能感是一个不容回避的变量。

7.2.3 研究假设

自我效能感影响人们的行为选择和环境选择。如果人们认为他无法应对一些行为和情境，那么，在面临这些行为和情境时，他们一般就会采取回避的态度，只选择他们认为力所能及的行为（LePine，2005）。在这一过程中，自我效能感对个体行为方向的影响，主要是通过影响个体的价值观、兴趣及其对能力的认知来确定的。另外，也存在这样的情况，有些个体即使有足够的能力去完成某种目标行为，也有行为的意愿，但因为个体对自身能力的自我怀疑，所以他的意愿也不会被转化为自己的行为（Bandura，1997）。个体能动性的基础是自我效能感，不仅个体的适应和变化受自我效能感的影响，而且还调节个体认知、情感、动机和生理唤醒与思想变化和行为选择之间的关系（郭本禹，2008）。由此可见，自我效能感作为意愿与行为之间关系的调节变量已被大多数学者所接受。

最近在饮食行为上的研究也表明，自我效能感调节饮食意愿与饮食行为之间的关系。比如，利普克（Lippke，2009）以245名哥斯达黎加女工为调研对象，对其饮食习惯进行了实证研究，研究结果表明自我效能感在哥斯达黎加女工的低脂肪饮食意愿与低脂肪饮食行为的关系上起调节作用，即哥斯达黎加女工的自我效能感越高，其低脂肪饮食意愿越会显著地转化为脂肪饮食行为。

具体到居民的蔬菜消费行为上，如果城镇居民觉得没有信心去消费一定量的蔬菜，或者他对自己消费蔬菜的能力感到怀疑，则即使他知道消费蔬菜对自身有好处，且愿意去消费蔬菜，也不会完全将消费蔬菜的意愿转化为具体的消费行为。由此，提出如下假设：

假设：7-1 城镇居民的自我效能感调节蔬菜消费意愿与蔬菜消

费行为之间的关系,城镇居民的自我效能感越高,其蔬菜消费意愿对消费行为的影响就越显著增强。

7.3 调节作用研究的设计与数据分析结果

7.3.1 自我效能感变量的确定与测量

本章研究中所涉及的变量,主要有城镇居民的自我效能感、蔬菜消费意愿和蔬菜消费行为。

城镇居民蔬菜消费的自我效能感变量的测量,主要在借鉴贝茨等(Betz et al.,1996)、班杜拉(Bandura,1997)、Schwarzer et al.(1997)、卡梅利等(Carmeli et al.,2007)、Myeong-gu et al.(2009)等前人研究成果的基础上,根据居民蔬菜消费的特点,自行设计了测量量表。在设计量表时,未对自我效能感的维度进行划分,我们设计了"我有信心每天吃500g蔬菜""我有信心学会做好吃的蔬菜""我有信心学会分辨蔬菜的好坏""我有信心能买到让我满意的蔬菜"等4个测量城镇居民自我效能感变量的问项,采用李克特的5级量表,选项分别为"非常不同意""不太同意""一般""比较同意""非常同意",分别赋予1分、2分、3分、4分、5分。

关于城镇居民蔬菜消费意愿和消费行为2个变量的测量,仍沿用前文的维度。本章研究中各变量的测量维度、测量题项及参考来源,见表7-1。

此外,本章的研究中还选取了地区、职业等变量作为控制变量。

调查问卷的形成及调研过程在第3章已加以说明,这里就不再赘述。

表 7-1　　　　　　　　　变量测量维度

变量	维度	测量题目	参考来源
自我效能感		我有信心每天吃500g蔬菜 我有信心学会做好吃的蔬菜 我有信心学会分辨蔬菜的好坏 我有信心能买到让我满意的蔬菜	巴茨等（Betz et al., 1996）、Schwarzer等（1997）、Myeong-gu等（2009）、卡梅利等（Carmeli et al., 2007）、班杜拉（Bandura, 1997）
蔬菜消费意愿	居民消费蔬菜的可能性 居民推荐别人消费蔬菜的可能性 居民未来消费蔬菜的可能性	我每天都想吃蔬菜 我经常推荐周围的人吃各种蔬菜 未来一年内我都想吃蔬菜	文卡特等（Venkatesh et al., 2003）阿耶兹等（Glanz et al., 1998）诺伊马克-斯坦纳等（Neumark-Sztainer et al., (1999)）Sniehotta等（2005）Lee（2011）
蔬菜消费行为	蔬菜消费频率 蔬菜消费量	在过去的一个月内，我每一餐都吃蔬菜 在过去的一个月内，我平均每天吃500g蔬菜	马西森（Mathieson, 1991）、巴特彻济（Battacherjee, 2000）、靳明（2008）、唐学玉等（2010）

7.3.2　数据分析与处理结果

（1）信度检验

表 7-2 是本次调研数据的 Cronbach's α 值。从表 7-2 可以看出，自我效能感变量用 4 项指标来测量，Cronbach's α 值为 0.920，蔬菜消费意愿变量用 3 项指标来测量，Cronbach's α 值为 0.908；蔬菜消费行为变量用 2 项指标来测量，Cronbach's α 值为 0.832，且问卷的整体信度 Cronbach's α 值为 0.863，说明本研究所用的问卷有较好信度。

表 7-2　　　　　　　信度检验数值

构念	观测项	Cronbach's α
消费意愿（CI）	CI1 CI2 CI3	0.908
消费行为（CB）	CB1 CB2	0.832
自我效能感（SE）	SE1 SE2 SE3 SE4	0.920

（2）效度检验

效度检验主要采用的是主成分因子分析方法，运用因子分析法判断效度的标准是：各变量的因子载荷应超过 0.5，最好超过 0.7，且每个变量的平均方差提取数最好超过 0.5。

表 7-3、表 7-4、表 7-5、表 7-6 是各变量的 KMO 和 Bartlett 球状检验值、因子载荷值和平均方差提取数值，本章研究中因子分析按照主成分分析法中因子特征值大于 1 的标准来进行。其中，城镇居民自我效能感变量的题测项提取的 1 个因子解释的总方差为 80.919%，而 4 个题测项的取样足够度值为 0.822，Bartlett 的球形度检验近似卡方值为 1483.985（df 为 6，p 为 0.000），消费意愿变量的题测项提取的 1 个因子解释的总方差为 84.446%，而 3 个题测项的取样足够度值为 0.743，Bartlett 的球形度检验近似卡方值为 949.158（df 为 3，p 为 0.000），适合做因子分析；消费行为变量的题测项提取的 1 个因子解释的总方差为 85.614%，而 2 个题测项的取样足够度值为 0.605，虽然低于 0.7 的最好标准，但因为 Bartlett 的球形度检验近似卡方值为 328.133（df 为 1，p 为 0.000），显著性较好，因此也适合做因子分析。表 7-6 是消费意愿的 3 个

题测项、消费行为的 2 个题测项和自我效能感的 4 个题测项一起做因子分析的各维度的因子负荷（Factor Loading）和平均方差提取数 AVE。从表 7-6 中可以看出，所有测量项的因子载荷均超过 0.7，即各题测项能很好地测量出变量的基本情况。另一方面，3 个变量测量维度的平均方差提取数分别为 0.830、0.821、0.805，都达到了有效标准（AVE>0.5）。通过以上分析可以说明，本章的研究所用测量问卷的聚合效度较好。

表 7-7 中给出的是调查样本中变量与变量之间的协方差及相应变量的平均方差提取数 AVE，从表 7-7 中所列的数值中可以看出，变量与其他任何一个变量的协方差均小于该变量的平均方差提取数 AVE，因此，本章的研究所用的问卷有较好的区分效度。

表 7-3　消费意愿的 KMO 和 Bartlett 球状检验值

取样足够度的度量		0.743
Bartlett 的球形度检验	近似卡方	949.158
	df	3
	Sig.	0.000

表 7-4　消费行为的 KMO 和 Bartlett 球状检验值

取样足够度的度量		0.605
Bartlett 的球形度检验	近似卡方	328.133
	df	1
	Sig.	0.000

表 7-5　自我效能感的 KMO 和 Bartlett 球状检验值

取样足够度的度量		0.822
Bartlett 的球形度检验	近似卡方	1483.985
	df	6
	Sig.	0.000

表7-6　　　　　　　　聚合效度检验数值

构念	观测项	因子负荷	平均方差提取（AVE）
消费意愿（CI）	CI1	0.923	0.830
	CI2	0.929	
	CI3	0.881	
消费行为（CB）	CB1	0.944	0.821
	CB2	0.867	
自我效能感（SE）	SE1	0.950	0.805
	SE2	0.887	
	SE3	0.889	
	SE4	0.861	

表7-7　　　　　　　　区分效度检验数值

	CI	CB	SE
消费意愿（CI）	**0.830**		
消费行为（CB）	0.297	**0.821**	
自我效能感（SE）	-0.049	-0.160	**0.805**

注：表中黑体数字为各个构念的 AVE 数值。

（3）同源偏差检验

本研究是用问卷调查的方式来获得数据的，因为每一份问卷的所有题测项都是由同一调研对象来填写的，所以问卷所收集到的数据可能会出现同源偏差（commonmethod variance，CMV）问题。为了避免出现这一问题，本章在设计调查问卷时，使用了被试对象信息隐匿法、题项反向设置及选项重测法的方法，以便在正式研究前尽可能减少同源偏差问题出现的可能性。问卷调查收到的数据汇总后，本研究根据其他学者经常采用的单因子检测方法来检验问卷数据的同源偏差，单因子检测方法就是将测量量表的所有题测项数据一起来做因子分析，未旋转时的第一个因子解释的总方差就是

CMV 的量。本研究将测量量表中自我效能感、消费意愿和消费行为等变量的所有测量条目放在一起做了因子分析,在未旋转时,并未只析出一个公因子,且第一个因子解释的总方差是 36.031%,没有占到多数,因此,可以认为本研究所用问卷的同源偏差并不严重。

(4) 假设检验

在运用 SPSS 21.0 对数据进行回归分析之前,本研究做了 Anova 方差分析检验回归模型整体的显著性,从表 7-8、表 7-9 中可以看出,本章研究中所有回归模型的显著性均达到了 0.000 的水平,说明各自变量对因变量存在显著的影响,且各变量 VIF 值均在 10 以下,说明变量间不存在多重共线性。

表 7-8 模型 (7-1) Anova[a]

模型		平方和	df	均方	F	Sig.
7-1	回归	44.609	3	14.870	16.341	0.000[b]
	残差	420.391	462	0.910		
	总计	465.000	465			

注:a. 因变量:消费行为。
b. 预测变量:(常量)、地区、职业、消费意愿。

表 7-9 模型 (7-2) Anova[a]

模型		平方和	df	均方	F	Sig.
1	回归	59.790	4	14.947	17.005	0.000[b]
	残差	405.210	461	0.879		
	总计	465.000	465			

注:a. 因变量:消费行为。
b. 预测变量:(常量)、地区、职业、消费意愿、自我效能感×消费意愿。

表 7-10 是控制变量、蔬菜消费意愿、自我效能感乘以消费意

愿与蔬菜消费行为的具体回归结果，其中，模型（7-1）是控制变量职业和地区、蔬菜消费意愿对蔬菜消费行为的回归模型。模型（7-2）自我效能感乘以消费意愿是加入的回归模型，由于加入交互项后可能会出现多重共线性问题，因此，本章的研究根据其他学者通常采用的方法，分别中心化处理了自变量与调节变量，然后，再将中心化后的自变量和调节变量相乘后计算出交互项，并将交互项引入回归方程（Friedrich, 1982），用来检验城镇居民自我效能感调节蔬菜消费意愿与蔬菜消费行为之间关系的调节作用，分析结果表明自我效能感乘以消费意愿与城镇居民蔬菜消费行为之间是正向相关关系（$\beta = 0.181$，$p < 0.001$），即自我效能感调节了城镇居民蔬菜消费意愿与消费行为之间的关系，具有高自我效能感的城镇居民，其蔬菜消费意愿与蔬菜消费行为的正向关系显著增强，实证结果表明假设7-1得到了验证。

表7-10　　　　　　　　　　回归结果

变量		消费行为	
		模型1	模型2
控制变量	常数项	-0.077	-0.073
	地区	-0.046	-0.036
	职业	0.074	0.068
自变量	消费意愿	0.294 ***	0.298 ***
	自我效能感×消费意愿		0.181 ***
	F	16.341 ***	17.005 ***

注：**、***表示$p < 0.05$、$p < 0.001$；表中所示为标准化系数，模型中没有出现城镇居民的自我效能感、蔬菜消费意愿和蔬菜消费行为等变量的测量维度，主要是因为本章是对变量的整体效应进行研究，没有研究各维度的效应。

7.4 实证研究结果的讨论

计划行为理论认为，个体的行为意愿转化为个体具体的行为

(Ajzen，1988)，但无论从理论上还是从实践上来看，个体的行为意愿在某些情况下并没有转化为具体的行为，本章的研究结果也证明了这一点。具体来说，对于具有高自我效能感的城镇居民来说，其蔬菜消费意愿显著地转化为蔬菜消费行为，而对于自我怀疑、具有低自我效能感的城镇居民，其蔬菜消费意愿并不一定转化为具体的蔬菜消费行为。这可能是因为具有低自我效能感并经常自我怀疑的城镇居民，即使有较强烈的蔬菜消费意愿，但因为对自己处理蔬菜消费过程中遇到障碍能力的不自信，导致其并不会将其强烈的蔬菜消费意愿转化为具体的蔬菜消费行为。

本章的研究虽然创造性地说明了自我效能感在城镇居民蔬菜消费行为影响因素及其影响机制中的调节作用，但仍存在一些局限性：一是研究设计时，城镇居民蔬菜消费的自我效能感是借鉴已有研究的基础上，结合蔬菜消费行为的特点，重新设计的量表，测量量表虽然通过了信度检验和效度检验，但并不能完全证明重新设计的量表就一定有典型意义。因此，在以后的相关研究还将对重新设计的测量量表进行更进一步的检验与完善。二是研究设计时没有将自我效能感进行维度的划分，且没有分析各维度对城镇居民蔬菜消费行为的调节作用，这虽然是因为本章主要是研究自我效能感在城镇居民蔬菜消费意愿和消费行为之间关系上的整体调节效应，但已有的研究中也有将自我效能感变量进行了维度的划分，并分析了不同维度的影响，因此，这一局限可能会影响本章研究结论的精确性，这也是未来相关研究的一个重点。三是本章的研究中没有将自我效能感与第 6 章中所提的蔬菜消费意愿与蔬菜消费行为的前因变量知觉行为控制变量进行区分，因为也有研究者将自我效能感作为知觉行为控制变量的前因变量，并指出自我效能感显著影响知觉行为控制（Bhattacherjee，2000；Hung Shin - Yuan，2003；Lin Hsiu - Fen，2007；Turan，2012）。这一局限性可能会影响第 6 章的结论。

无论如何，本章的研究有一定的创新性，因为它扩展了计划行为理论关于个体意愿影响个体行为的结论，这可能会让后来的研究者在研究蔬菜消费行为甚至饮食习惯的影响机制时，考虑更多其他调节意愿与行为之间关系的变量。本章的研究结论可能会为后来研究居民饮食习惯的学者提供研究线索，即要想改变低自我效能感居民不健康的饮食习惯，不能简单地去强化他们的消费意愿，而应先去考虑增强他们改变不良饮食习惯的信心或者帮助他们去克服在改变不良饮食习惯过程中可能遇到的阻碍，也就是说，要提高他们的自我效能感，而要提高他们的自我效能感可以使用言语劝说（verbal persuasion）或替代经验（vicarious experiences）或模仿等方式（Bandura，1997）。

7.5 本章小结

本章在第 4 章、第 5 章和第 6 章研究人口统计特征变量、生活习惯、行为态度、主观规范和知觉行为控制等变量对城镇居民蔬菜消费行为影响机制的基础上，运用自我效能理论，采用规范的实证研究方法，提出了城镇居民的自我效能感在其蔬菜消费意愿与蔬菜消费行为之间关系上起调节作用的研究模型和研究假设，并对研究假设进行了验证，最终发现自我效能感显著调节城镇居民蔬菜消费意愿与蔬菜消费行为之间的关系。

第 8 章

研究总结与展望

8.1 研究总结

8.1.1 主要结论

本书的主要目的,研究城镇居民蔬菜消费行为的影响因素及其相应的影响机制。针对与本书相关的研究,本书从经济学经典关于消费行为的理论出发,分别从经济学和其他学科等角度对消费行为方式、消费行为的影响因素和农产品及生鲜蔬菜消费行为等方面的文献进行了回顾与梳理,在对已有研究现状进行分析的基础上,对已有研究成果的局限性及未研究到的问题进行了论述,并以此为基础开展了本书的研究;在借鉴国外关于蔬菜消费行为研究成果的基础上,运用多元回归方法分析了性别、年龄、收入、婚姻状况及受教育程度对城镇居民蔬菜消费行为的影响机制。研究结果表明,性别、年龄、收入、婚姻状况及受教育程度通过影响城镇居民的蔬菜消费意愿进而间接影响其消费行为;引入抽烟、喝酒和体育锻炼等生活习惯变量，详细分析了城镇居民生活习惯对其蔬菜消费意愿与行为的影响机制，研究结果表明城镇居民的生活习惯显著影响其蔬菜消费意愿与蔬菜消费行为，并且验证了蔬菜消费意愿在生活习惯与城镇居民蔬菜消费行为之间关系的中介作用；在前面两个研究的基础上，应用计划行为理论，更系统、更深入地研究了城镇居民的行为态度、主观规范和知觉行为控制对其蔬菜消费意愿与消费行为的影响机制，研究结果表明城镇居民的行为态度、主观规范和知觉行为控制均显著地影响其蔬菜消费意愿与蔬菜消费行为；更进一步的，本书创造性地引入城镇居民的自我效能感这一变量，构建了自我效能感在城镇居民蔬菜消费意愿与消费行为之间关系上的调节效应模型，研究结果表明城镇居民的自我效能感显著调节其蔬菜消费意愿与蔬菜消费行为之间的关系。本书取得的主要结论如下：

第一，城镇居民的蔬菜消费行为与性别、年龄、婚姻状况、受教育程度、收入状况等因素密切相关。具体来说，城镇居民中，男性居民、年龄较轻的居民、未婚居民的蔬菜消费意愿一般较低，因此，其蔬菜的消费频率和消费量都低于其他居民。更进一步的，低收入和受教育程度较低的城镇居民蔬菜消费意愿和蔬菜消费行为也远低于高收入和受教育程度较高的城镇居民的蔬菜消费意愿和蔬菜消费行为。而之所以受教育程度会影响城镇居民的蔬菜消费意愿与蔬菜消费行为，主要是因为受教育程度影响了居民营养知识的获得等。收入会影响城镇居民的蔬菜消费行为则是因为近年来中国蔬菜价格越来越贵，导致低收入的居民更愿意消费肉类食品；婚姻会影响城镇居民的蔬菜消费行为，是因为结婚的居民家庭规模比单身的要大，他们一般是与家庭成员一起吃饭，其他家庭成员的蔬菜消费行为会使他们更愿意多吃一点蔬菜。研究结果进一步证实了已有的国外文献中所阐述的男性比女性消费较少的蔬菜（Riediger et al.，2008；Nepal et al.，2011Baker et al.，2003；Ricciuto et al.，2006）、单身比已婚消费较少的蔬菜（Baker et al.，2003；Ricciuto et al.，2006）以及受教育程度、收入、年龄等变量对蔬菜消费行为的积极影响（Baker et al.，2003；Ricciuto et al.，2006）等结论。与此同时，研究还验证了蔬菜消费意愿在人口统计特征变量与城镇居民蔬菜消费行为之间的中介作用，即人口统计特征变量通过影响蔬菜消费意愿间接影响蔬菜消费行为。

　　第二，国外虽有一些文献研究了影响蔬菜消费行为的决定性因素，并提出抽烟、喝酒等不良生活习惯会影响居民蔬菜消费行为，但这些研究所采用的方法主要是基本的描述性统计分析，且调研对象多是研究者所在国家的居民，研究结果虽对揭示城镇居民的蔬菜消费行为有一定的借鉴意义，但并不能完全解释城镇居民的蔬菜消费行为，而国内目前鲜见这方面的研究。基于此，本书研究了抽烟、喝酒等不良生活习惯对城镇居民蔬菜消费行为的影响及其机制。研究结果表明，抽烟的城镇居民比不抽烟的城镇居民消费更少的蔬菜，喝酒的城镇居民比不喝酒的城镇居民消费更少的蔬菜，不经常从事体育锻炼的居民比经常从事体育锻炼的居民消费更少的蔬菜。人们都知道抽烟、喝酒、不经常从事体育锻炼会严重影响身体健康，因此，人们应当戒烟、戒酒，并经常从事体育锻炼，但很显然，这对一些有不良生活习惯的城镇居民来说是比较困难的。本书的研究结论表明，如果很难戒除抽烟、喝酒等不良生活习惯，城镇居民应当提高其蔬菜的消费意愿和消费行为，从而降低心血管病、某些癌症等慢性疾病的发病率和死亡率。

　　第三，计划行为理论认为，个体的行为受到个体的行为态度、主观规范、知觉行为控制、行为意愿的显著影响，且个体的行为态度、主观规范和知觉行为控制主要通过影响行为意愿来影响个体的行为（Ajzen，1988）。这一研究结论自提出以来，就受到研究行为的学者的青睐，很多学者都运用这一理论来研究个体的不同行为，也因此，这一理论也被大量文献所证实，但关于个体的行为态度、主观规范和知觉行为对个体蔬菜消费行为的影响研究则较少，尤其是鲜见运用计划行为理论系统地研究城镇居民蔬菜消费行为的成果。国外学者更多的是研究人口统计特征变量对居民蔬菜消费行为的影响，虽有一些学者在研究居民蔬菜消费行为时，引入社会规范、消费障碍等个体心理变量实证分析了其对蔬菜消费行为的影响（Rchard et al., 2005; Jennifer et al., 2009; Jana et al., 2010; Dehghan et al., 2010; James, 2011; Linda et al., 2011; Oliveira et al., 2014），但这些研究只是从计划行为理论中截取了一部分影响行为的变量，没有系统地运用计划行为理论研究居民的蔬菜消费行为。国内运用计划行为理论研究个体行为的成果较多，但这些研究主要集中在低碳消费行为（王建明等，2011）、安全农产品和绿色农产品的消费行为（青平、李崇光，2005；靳明等，2008；唐学玉等，2010）、环保产品的消费行为（金晓彤等，2015）以及其他行为上，较少有学者运用计划行为理论系统地研究行为态度、主观规范和知觉行为控制对城镇居民蔬菜消费行为的影响，更鲜见城镇居民蔬菜消费行为影响机制的研究。因此，本书运用多元回归方法系统地研究了行为态度、主观规范和知觉行为控制对城镇居民蔬菜消费行为的影响及其机制，研究结果表明城镇居民的蔬菜消费行为与城镇居民蔬菜消费的行为态度、主观规范和知觉行为控制等因素密切相关。具体来说，城镇居民对蔬菜消费过程中各种影响因素的评价越高，其消费蔬菜的意愿就越强烈，消费频率和消费量就会高于其他城镇居民；城镇居民周边的人或社会媒体对蔬菜消费的评价越正向，其消费蔬菜的意愿就越强烈，消费频率和消费量就越高；城镇居民在消费蔬菜的过程中所遇到的促进因素越多、越正面，其消费蔬菜的意愿就越强烈，消费频率和消费量就越高。行为态度之所以会正向影响城镇居民的蔬菜消费行为，可能是因为城镇居民对蔬菜的评价越高，即城镇居民认为蔬菜对身体健康有好处，且消费的蔬菜是安全卫生的，他就会从有利于身体健康的角度去考虑，进而强化其消费蔬菜的意愿；主观规范之所以会正向影响城镇居民的蔬菜消费行为，可能是因为城镇居民有很强的从众消费心理，当其周边的人正面评价蔬菜消费以及发生蔬菜消费行为时，他们就会模仿周边人的行为；知觉行为控制之所以会影响城镇居民的蔬菜消费行为，可能是因为人们都有畏难心理，当他们在消费蔬菜的过程中遇到的阻碍及困难较少时，他们就可能选择蔬菜消费行为。

第四，计划行为理论认为，个体的行为意愿转化为个体具体的行为（Ajzen, 1986），但无论从理论还是从实践来看，个体的行为意愿在某些情况下并没有转化为具体的行为，本书第 7 章的研究结论也证明了这一点。具体来说，对于具有高自我效能感的城镇居民来说，其蔬菜消费意愿显著地转化为蔬菜消费行为，而对于自我怀疑、具有低自我效能感的城镇居民，其蔬菜消费意愿并不一定转化为具体的蔬菜消费行为。可能是因为具有低自我效能感并经常自我怀疑的城镇居民即使有较强烈的蔬菜消费意愿，但因为对自己处理蔬菜消费过程中遇到障碍的能力不自信，导致其并不会将其强烈的蔬菜消费意愿转化为具体的蔬菜消费行为。

8.1.2 研究贡献

本书的主要贡献如下：

第一，当前，大多数蔬菜消费行为方面的研究，都将人口统计特征变量作为居民蔬菜消费行为的前因变量。但本书通过研究发现，人口统计特征变量并不能直接影响城镇居民的蔬菜消费行为，它必须通过影响城镇居民的蔬菜消费意愿进而间接地影响其消费行为，这一结论进一步丰富了蔬菜消费行为方面的理论。研究还发现，城镇居民的蔬菜消费量和频率比正常水平要低，因此，政府应采取措施鼓励城镇居民特别是男性居民、收入低的居民更多地消费蔬菜。

第二，已有的研究很少从居民的生活习惯方面去分析居民的蔬菜消费行为。

本书引入生活习惯变量，运用多元回归方法分析了城镇居民生活习惯对其蔬菜消费行为的影响。研究结论为后来的研究者在研究蔬菜消费行为方面提供了新的角度和视野。

第三，计划行为理论认为，个体的行为态度、主观规范和知觉行为控制通过影响个体意愿进而间接影响个体行为，其中，个体知觉行为控制也可以直接影响个体行为。这一结论在个体或群体的很多行为领域都得到了验证，但运用这一理论来分析居民特别是城镇居民的蔬菜消费行为仍较少见。本书以计划行为理论为基础，实证检验了城镇居民的行为态度、主观规范和知觉行为控制对其蔬菜消费行为的影响机制。从理论上来看，这一研究进一步验证了计划行为理论的普遍适用性，也进一步丰富了蔬菜消费行为方面的理论，从实践上来看，可以为政府制定国家蔬菜产业规划方面提供参考。

第四，计划行为理论认为，个体的意愿会直接转化个体的行为，但本书的研究表明城镇居民的蔬菜消费意愿与其蔬菜消费行为之间的关系会受到自我效能感的调节。

这扩展了计划行为理论关于个体意愿影响个体行为的结论，可能会让后来的研究者在研究蔬菜消费行为甚至饮食习惯的影响机制时，考虑更多的其他调节意愿与行为之间关系的变量。研究结论也可能会为后来研究居民饮食习惯的学者提供研究线索，即要想改变低自我效能感居民不健康的饮食习惯，不能简单地去强化他们的消费意愿，而应先考虑增强他们改变不良饮食习惯的信心或者帮助他们去克服在改变不良饮食习惯过程中可能遇到的阻碍，也就是说要提高他们的自我效能感，而要提高他们的自我效能感可以使用言语劝说（Verbal Persuasion）、替代经验（Vicarious Experiences）或模仿等方式（Bandura，1997）。

8.2 研究展望

8.2.1 研究局限

本书实证研究了城镇居民的人口统计特征变量、生活习惯变量、行为态度变量、主观规范变量和知觉行为控制变量对蔬菜消费行为的影响机制,并实证检验了城镇居民的自我效能感在其蔬菜消费意愿与消费行为关系上的调节作用,研究结论有一定的理论贡献和实践意义,但也存在一些局限和值得改进的地方。

第一,本书的实证研究和所有的实证研究一样,可能存在样本偏差,本书中的实证研究结果来源于网络调查问卷数据和实地调查数据的统计分析,该研究结果是否具备很强的一般性还需要被大量的研究进一步证实;同时,本书对理论模型的验证是基于中国的情境下进行的,没有考虑不同文化对蔬菜消费行为的影响,因此,研究结论的普遍适用性可能会受到一定的限制。

第二,本书实证研究中所有的变量都没有进行测量维度的划分,且所有变量的测量量表都是在借鉴成熟量表的基础上,结合城镇居民蔬菜消费的特点自行设计而来,有些变量的测量过于单薄,比如,蔬菜消费行为只用了蔬菜消费量和蔬菜消费频率两个指标来测量。虽然所有量表的信度和效度都经过了检验,但由于样本数量的有限性,可能会影响量表的普遍适用性。

第三,由于本书调研的数据是时间点数据且调研条件较简陋,因此本书所用的数据是横截面数据。虽然本书的假设模型在本书数据分析过程中被调研所获得的数据较好地验证了,但本书的研究并没有进一步考虑各变量及测量维度随时间变化对城镇居民在不同时间阶段的蔬菜消费行为意愿和蔬菜消费行为的动态影响,未来可以采用长期跟踪调研的方式来获得跨时间段的纵向数据,以进一步验证和比较本研究的模型。

第四,本书分别分析了人口统计特征变量、生活习惯、行为态度、主观规范和知觉行为控制等变量对城镇居民蔬菜消费行为的影响,实证研究结果表明这些变量影响城镇居民蔬菜消费行为,但也有一些学者认为,这些变量之间可能也存在一定的关系,而这一点本书却没有涉及。未来的研究可以进一步地系统分析这些变量相互之间的关系。

8.2.2 研究展望

本书主要运用多元回归方法实证检验了人口统计变量对城镇居民蔬菜消费行为的影响机制；研究了生活习惯对城镇居民蔬菜消费行为的影响机制；研究了行为态度、主观规范和知觉行为控制对城镇居民蔬菜消费行为的影响机制；研究了自我效能感在城镇居民蔬菜消费行为与蔬菜消费意愿之间关系上的调节作用。研究结论有一定创新性，丰富了个体行为及相关领域的研究成果，对学者进一步研究个体行为特别是个体消费行为方面具有一定指导和启示作用。但鉴于城镇居民蔬菜消费行为的复杂性，研究者还应对大量这方面的命题进行更加科学、深入细致的实证研究。具体而言，研究者可以以本书的实证研究为基础，从以下5个方面进行进一步的深入研究：

第一，城镇居民的蔬菜消费行为是一个不断变化、动态发展的行为，居民在长期消费蔬菜的过程中，其不同阶段对蔬菜的感受和评价也会对下一阶段的蔬菜消费行为产生影响。本书虽然在综合考虑各种因素对城镇居民蔬菜消费行为的影响机制，但由于时间和精力的限制，并没有讨论城镇居民在不同时间的蔬菜消费行为的纵向变化。因此，在未来的进一步研究中，研究者可以选择固定样本，对其进行长期跟踪调查，以获得跨时间段的纵向数据，以便进一步研究和比较城镇居民在其不同生活阶段的行为变化。

第二，本书实证研究中的城镇居民蔬菜消费行为只包括蔬菜消费量和蔬菜消费频率两个指标，用这两个指标来测量城镇居民的蔬菜消费行为略显薄弱，在实证研究中的其他变量也都在一定程度上存在这样的问题。因此，加入城镇居民蔬菜消费品种、城镇居民蔬菜消费的渠道等指标，来测量蔬菜消费行为也将成为后续研究的一个方向。

第三，本书实证研究中选取了人口统计特征变量、生活习惯变量、行为态度变量、主观规范变量、知觉行为控制变量和自我效能感变量来分析城镇居民的蔬菜消费行为，但实际上还有一些变量也可能会对城镇居民的蔬菜消费行为产生影响，比如，价格变量，虽然在知觉行为控制变量中引入了一个与价格有关的测量指标，但没有将价格作为一个单独的变量来研究其对城镇居民蔬菜消费行为的影响，这是本书实证研究中的一个缺憾。又比如，个体的文化背景变量，现有的关于个体行为方面的研究，经常将个体的文化背景作为一个重要的变量，但本研究中却未将其引入。也将是后续研究的一个重要方向。

第四，随着电子商务模式的快速发展，农产品包括蔬菜的购买方式出现了新的变化，即网上购买农产品，这一新的方式对城镇居民蔬菜消费行为会产生怎样的影响，本书尚未进行深入的研究。这也将是后续研究的一个重要方向。

第五，本书没有考虑影响城镇居民蔬菜消费行为各因素之间的关系，因此，系统地分析人口统计特征变量、生活习惯变量、行为态度变量、主观规范变量、知觉行为控制变量和自我效能感变量相互之间的关系也将是后续研究的一个重点内容。

附　录

城镇居民蔬菜消费行为的调查问卷

尊敬的女士/先生：

您好！非常感谢您在百忙之中抽出时间完成这份问卷。

我是华中农业大学经济管理学院 2011 级在职博士研究生，目前正在进行城镇居民蔬菜消费行为的研究，为了了解城镇居民的蔬菜消费行为及其相关影响因素，特进行了本次问卷调查，这是一份学术性研究问卷，并无标准答案，也无所谓对错之分，您依据自身感觉填写即可。本问卷采用匿名调查的方式，所获得的数据仅供学术研究之用。我们将恪守科学研究的道德规范，不以任何形式向任何人泄露您的信息，敬请安心作答。

祝您身体健康，事业顺利，宏图大展！

一、个人基本情况

（请根据实际情况将题项填空或者在合适的字母上打"√"或者将其标红）

1. 您的性别？（　　）
   A. 男　　　　　　　　　B. 女
2. 您的婚姻状况（　　）
   A. 是　　　　　　　　　B. 否
3. 您的年龄？（　　）
   A. 25 岁以下　　　　　　B. 25～40 岁

C. 41~60 岁　　　　　　　D. 61 岁以上

4. 您所在的地区（　　）

A. 华东　　B. 华南　　C. 华北　　D. 华中

E. 西南　　F. 东北　　G. 西北

5. 您的受教育程度？（　　）

A. 初中以下　　　　　　B. 高中/中专

C. 大学本科/专科　　　　D. 研究生及以上

6. 您的职业？（　　）

A. 工人　　　　　　　　B. 教师、医生或科技人员

C. 商人　　　　　　　　D. 企业职员

E. 其他

7. 您的月收入？（　　）

A. 3000 元以下　　　　　B. 3000~5000 元

C. 5000~7000 元　　　　 D. 7000~10000 元

E. 10000 元以上

8. 您在过去的一个月内经常消费的蔬菜有哪些？（可多选）（　　）

A. 白菜　B. 芹菜　C. 菠菜　D. 甘蓝　E. 香菇　F. 蘑菇

G. 豇豆　H. 四季豆　I. 黄瓜　J. 番茄　K. 茄子　L. 马铃薯

M. 大葱　N. 洋葱　O. 生姜　P. 蒜头

Q. 萝卜　R. 胡萝卜

9. 您一般在哪里购买蔬菜？（　　）

A. 超市　　B. 批发市场　　C. 菜场　　D. 网上

二、蔬菜消费意愿和行为的情况描述

（请根据您平时的蔬菜消费意愿和行为的基本情况，对下列描述进行判断，并将合适的数字打上"√"）

问题项目	非常不同意	不太同意	一般	比较同意	完全同意
我每天都想吃蔬菜	1	2	3	4	5
我经常推荐周围的人吃各种蔬菜	1	2	3	4	5
未来一年内每天我都想吃500g蔬菜	1	2	3	4	5
在过去的一个月内,我每一餐都吃蔬菜	1	2	3	4	5
在过去的一个月内,我平均每天吃500g蔬菜	1	2	3	4	5

三、生活习惯的情况描述

(请根据您平时的生活习惯的基本情况,对下列描述进行判断,并将合适的数字打上"√")

问题项目	非常不同意	不太同意	一般	比较同意	完全同意
我从来不抽烟	1	2	3	4	5
我从来不喝酒	1	2	3	4	5
我每周进行2个小时以上的体育锻炼	1	2	3	4	5

四、消费行为态度的情况描述

(请根据您平时的行为态度的基本情况,对下列描述进行判断,并将合适的数字打上"√")

问题项目	非常不同意	不太同意	一般	比较同意	完全同意
我认为多吃蔬菜身体会更健康	1	2	3	4	5
我认为平时所购买的蔬菜是安全卫生的	1	2	3	4	5
我认为平时所购买的蔬菜是新鲜的	1	2	3	4	5
我知道常见蔬菜的吃法	1	2	3	4	5

五、主观规范的情况描述

（请根据您平时在消费蔬菜时感受到周围人的影响的基本情况，对下列描述进行判断，并将合适的数字打上"√"）

问题项目	非常不同意	不太同意	一般	比较同意	完全同意
我的父母喜欢吃蔬菜，所以我也喜欢吃	1	2	3	4	5
我最好的朋友喜欢吃蔬菜，所以我也喜欢吃	1	2	3	4	5
我最喜爱的明星吃蔬菜，所以我也喜欢吃	1	2	3	4	5
感冒时，医生建议我多吃蔬菜，所以我每天都吃蔬菜	1	2	3	4	5
周围的其他人都认为吃蔬菜好，所以我也吃	1	2	3	4	5
新闻媒体宣传吃蔬菜的好处，所以我每天都吃蔬菜	1	2	3	4	5

六、知觉行为控制的情况描述

（请根据您平时在消费蔬菜时感受到障碍的基本情况，对下列描述进行判断，并将合适的数字打上"√"）

问题项目	非常不同意	不太同意	一般	比较同意	完全同意
在我家的旁边就可以买到新鲜蔬菜	1	2	3	4	5
我经常光顾的超市就有大量的新鲜蔬菜供应	1	2	3	4	5
在我家旁边销售的蔬菜价格比较便宜	1	2	3	4	5
我能分辨买到的蔬菜是否有农药残留	1	2	3	4	5
我会烹调蔬菜	1	2	3	4	5

七、自我效能感的情况描述

（请根据您平时在消费蔬菜时感受到障碍的基本情况，对下列描述进行判断，并将合适的数字打上"√"）

问题项目	非常不同意	不太同意	一般	比较同意	完全同意
我有信心每天吃500g蔬菜	1	2	3	4	5
我有信心学会做好吃的蔬菜	1	2	3	4	5
我有信心学会分辨蔬菜的好坏	1	2	3	4	5
我有信心能买到让我满意的蔬菜	1	2	3	4	5

参考文献

[1] [美] 保罗·彼得,杰里·C. 奥尔森. 消费者行为与营销战略. 东北财经大学出版社,2000.

[2] 常平凡,宗颖生,李玉萍,解晓悦,刘永兰. 不同等级富士苹果价格差别分析. 山西农业大学学报(社会科学版),2002(1):27-28.

[3] 常向阳,李香. 南京市消费者蔬菜消费安全认知度实证分析. 消费经济,2005(5):74-78.

[4] 陈冲. 预防性储蓄动机的时序变化及其影响因素差异——基于城镇居民不同收入阶层视角. 中央财经大学学报,2014(12):87-94.

[5] 陈丽芬,安玉发,王寒笑. 日本蔬菜消费市场利益细分探讨. 中国农村经济,2008(2):66-75.

[6] 陈雨峰,梅强,刘素霞. 中小企业新生代农民工安全行为影响因素研究. 中国安全科学学报,2014(9):134-140.

[7] 陈月英. 我国居民蔬菜消费需求现状及前景. 中国食物与营养,2005(7):38-39.

[8] 陈云,顾海英. 上海市城乡居民蔬菜消费结构变化及其影响因素探析. 上海农业学报,2006(3):95-98.

[9] 程琳,郑军. 菜农质量安全行为实施意愿及其影响因素分析——基于计划行为理论和山东省497份农户调查数据. 湖南农业大学学报(社会科学版),2014(4):13-20.

[10] 崔朝辉,周琴,胡小琪,李艳平,翟凤英,杨晓光,马冠生. 中国居民蔬菜、水果消费现状分析. 中国食物与营养,2008

(5): 34-37.

[11] 崔丽霞, 史光远, 张玉静. 青少年抑郁综合认知模型及其性别差异. 心理学报, 2012 (11): 1501-1514.

[12] 戴迎春, 朱彬, 应瑞瑶. 消费者对食品安全的选择意愿——以南京市有机蔬菜消费行为为例. 南京农业大学学报（社会科学版）, 2006 (1): 47-52.

[13] 杜宇玮, 刘东皇. 预防性储蓄动机强度的时序变化及影响因素差异——基于1979~2009年中国城乡居民的实证研究. 经济科学, 2011 (1): 70-80.

[14] 段锦云, 徐悦, 田晓明. 新生代农民工的自我效能与创业意向: 社会榜样和主观规范的影响. 苏州大学学报（哲学社会科学版）, 2015 (3): 111-119.

[15] 方玲. 对内蒙古农牧民消费行为的实证调查. 内蒙古统计, 1999 (4): 8-9.

[16] 高梦涛, 毕岚岚, 师慧丽. 持久收入与农户储蓄——基于八省微观面板数据的经验研究. 数量经济技术经济研究, 2008, 25 (4): 40-52.

[17] 顾远东, 彭纪生. 组织创新氛围对员工创新行为的影响: 创新自我效能感的中介作用. 南开管理评论, 2010 (1): 30-41.

[18] 郭本禹. 自我效能理论及其应用. 上海教育出版社, 2008.

[19] 郭国庆, 张中科, 陈凯, 汪晓凡. 口碑传播对消费者品牌转换意愿的影响: 主观规范的中介效应研究. 管理评论, 2010 (12): 62-69.

[20] 韩俊. 安全食品市场效率问题的理论诠释与求证——评《安全蔬菜生产与消费的经济学研究》. 农业技术经济, 2006 (3): 77-78.

[21] 杭斌, 申春兰. 经济转型中消费与收入的长期均衡关系和短期动态关系——中国城镇居民消费行为的实证分析. 管理世

界，2004（5）：25-32.

[22] 郝利，任爱胜，冯忠泽，李庆江，修文彦. 消费者对无公害农产品认知与行为的计量经济分析. 农业系统科学与综合研究，2009（1）：74-78.

[23] 何德华，周德翼. 消费者生鲜农产品购买行为研究. 统计与决策，2007（16）：134-136.

[24] 何伟，石永东，俞路平. 团购点评行为意愿影响因素的实证分析. 中国管理科学，2014（S1）：8-14.

[25] 何志毅，杨少琼. 对绿色消费者生活方式特征的研究. 南开管理评论，2004（3）：4-10.

[26] 亨利·拉塞尔. 消费者行为和营销策略，韩德昌译. 机械工业出版社，2002，15.

[27] 侯媛媛，王礼力. 基于主成分分析基础上的中国蔬菜家庭消费预测. 统计与决策，2010（23）：91-93.

[28] 胡保玲. 参照群体影响、主观规范与农村居民消费意愿. 企业经济，2014（6）：116-121.

[29] 华坚，赵晓晓，张韦全. 城市居民低碳产品消费行为影响因素研究——以江苏省南京市为例. 经济体制改革，2013（3）：53-56.

[30] 黄娅娜，宗庆庆. 中国城镇居民的消费习惯形成效应. 经济研究，2014（1）：17-28.

[31] 黄越，李丽娟，田宁. 基于消费角度的银川市设施蔬菜市场问题研究. 农业科学研究，2011（3）：84-86.

[32] 季节. 我国蔬菜产业发展新趋势. 农村科技，2001（3）：25.

[33] 姜雅莉，陆迁，贾金荣. 蔬菜价格波动对城镇居民福利影响的实证分析. 长安大学学报（社会科学版），2012（4）：54-58.

[34] 解晔，周国榆. 扬州市成年人吸烟知识行为态度调查研究. 江苏卫生保健，2013（5）：54-55.

[35] 金柏松. 上海市居民蔬菜消费的趋向. 上海蔬菜, 1993 (1): 5-6.

[36] 金辉, 杨忠, 冯帆. 物质激励、知识所有权与组织知识共享研究. 科学学研究, 2011 (7): 1036-1045+1055.

[37] 金晓彤, 杨晓东. 城镇居民消费行为变异臆的四个假说及其理论分析. 管理世界, 2004 (11): 5-14+28.

[38] 金晓彤, 赵太阳, 李杨. 营销信息对环保型产品购买意愿的影响研究. 华东经济管理, 2015 (7): 1-9.

[39] 靳明, 赵昶. 绿色农产品消费意愿和消费行为分析. 中国农村经济, 2008 (5): 44-55.

[40] [英] 凯恩斯. 就业、利息和货币通论. 高鸿业译. 商务印书馆, 1999.

[41] 兰君. 国外蔬菜业发展的新动向. 新农村, 2003 (8): 24.

[42] 劳可夫. 消费者创新性对绿色消费行为的影响机制研究. 南开管理评论, 2013 (4): 106-113+132.

[43] 李春成, 张均涛, 李崇光. 居民消费品购买地点的选择及其特征识别——以武汉市居民蔬菜消费调查为例. 商业经济与管理, 2005 (2): 58-64.

[44] 李瑾, 冯献, 韩瑞娟. 北京市城镇居民蔬菜消费现状及趋势预测. 北方园艺, 2015 (6): 197-202.

[45] 李凌, 王翔. 中国城乡居民消费过度敏感性的理论分析和实证检验. 经济科学, 2009 (6): 14-27.

[46] 李文星, 徐长生, 艾春荣. 中国人口年龄结构和居民消费: 1989~2004. 经济研究, 2008, 54 (7): 118-129.

[47] 李欣颖, 徐恺英, 崔伟. 移动商务环境下O2O用户信息行为影响因素研究. 图书情报工作, 2015 (7): 23-30.

[48] 林伯年. 世界蔬菜消费和生产状况. 中国蔬菜, 1987 (1): 60-63.

[49] 林琳，白新文．基于计划行为理论的大学生学业拖延行为研究．中国临床心理学杂志，2014（5）：855－859＋863．

[50] 刘瑞峰．消费者特征与特色农产品购买行为的实证分析——基于北京、郑州和上海城市居民调查数据．中国农村经济，2014（5）：51－61．

[51] 刘万利，胡培，许昆鹏．创业机会真能促进创业意愿产生吗——基于创业自我效能与感知风险的混合效应研究．南开管理评论，2011（5）：83－90．

[52] 刘宇伟．计划行为理论和中国消费者绿色消费行为．中国流通经济，2008（8）：66－69．

[53] 刘兆博，马树才．基于微观面板数据的中国农民预防性储蓄研究．世界经济，2007（2）：40－49．

[54] 龙江智，李恒云．中国城镇居民国内旅游消费模式．地理研究，2012（1）：155－168．

[55] 龙志和，周浩明．中国城镇居民预防性储蓄实证研究．经济研究，2000（11）：37－46．

[56] 路红，吴洁玲．大学生对企业社会责任行为的态度、主观规范与就业意向的关系．中国健康心理学杂志，2011（7）：862－863．

[57] 罗丞，邱秀军，郑庆昌．消费者对安全食品购买倾向的实证研究——来自厦门市的调查发现．西安交通大学学报（社会科学版），2009（6）：20－27．

[58] 罗丞．消费者对安全食品支付意愿的影响因素分析——基于计划行为理论框架．中国农村观察，2010（6）：22－34．

[59] 罗楚亮．经济转轨、不确定性与城镇居民消费行为．经济研究，2004（4）：100－106．

[60] 马骥，秦富．消费者对安全农产品的认知能力及其影响因素——基于北京市城镇消费者有机农产品消费行为的实证分析．中国农村经济，2009（5）：26－34．

[61] 马义爽. 谈谈蔬菜消费心理. 商业研究, 1991 (6): 46-48.

[62] 迈克尔·R. 所罗门. 消费者行为学. 中国人民大学出版社, 2009.

[63] 孟艾红. 城市居民低碳消费行为影响因素的实证分析. 中国城市经济, 2011 (23): 75-78+80.

[64] 裴国洪. 都市女性消费心理与行为. 社会心理科学, 2006 (6): 69-74.

[65] 齐天翔. 经济转轨时期的中国居民储蓄研究. 经济研究, 2000 (9): 21-30.

[66] 秦江梅, 芮东升, 吴宁, 张艳春, 张丽芳, 毛璐. 灾难性卫生支出发生情况比较分析: 基于社区卫生综合改革典型城市居民健康询问调查. 中国卫生经济, 2013 (9): 65-68.

[67] 青平, 李崇光. 消费者计划行为理论及其在市场营销中的应用. 理论与实践, 2005 (2): 79-80.

[68] 青平, 严奉宪, 王慕丹. 消费者绿色蔬菜消费行为的实证研究. 农业经济问题, 2006 (6): 73-78.

[69] 青平. 武汉市水果消费行为的实证研究. 果树学报, 2008 (1): 83-88.

[70] 渠彩霞, 王忠. 企业员工人格特质、一般自我效能感与适应性绩效的关系研究. 软科学, 2012 (4): 101-105.

[71] 苏良军, 何一峰, 金赛男. 暂时收入真正影响消费吗——来自中国农村居民面板数据的证据. 管理世界, 2005, 21 (7): 26-30.

[72] 孙红霞, 郭霜飞, 陈浩义. 创业自我效能感、创业资源与农民创业动机. 科学学研究, 2013 (12): 1879-1888.

[73] 孙佳佳, 霍学喜. 进口苹果消费行为及其影响因素——基于结构方程模型的实证分析. 中国农村经济, 2013 (3): 58-69+96.

[74] 孙倩,穆月英.北京市居民蔬菜消费特点及消费需求系统分析.中国农学通报,2012(12):257-263.

[75] 孙艳华,周发明,周军.蔬菜消费市场细分及营销策略分析——以长沙市为例.消费经济,2009(3):25-29.

[76] 邰秀军,李树茁,李聪,黎洁.中国农户谨慎性消费策略的形成机制.管理世界,2009(7):85-92.

[77] 唐学玉,李世平,姜志德.安全农产品消费动机、消费意愿与消费行为研究——基于南京市消费者的调查数据.软科学,2010(11):53-59.

[78] 唐娅楠,刘合光.上海市城镇居民蔬菜消费特点及消费需求系统分析.广东农业科学,2013(23):204-208.

[79] 田宁,黄越,李丽娟.消费者购买设施蔬菜行为研究——宁夏银川市部分消费群体调查与分析.农业科学研究,2011(3):80-83.

[80] 田青,马健,高铁梅.城镇居民消费影响因素的区域差异分析.管理世界,2008(7):27-33.

[81] 万广华,张茵,牛建高.流动性约束、不确定性与中国居民消费.经济研究,2001,47(11):35-44,94.

[82] 汪伟.中国居民储蓄率的决定因素:基于1995~2005年省际动态面板数据的分析.财经研究.2008,34(2):53-64.

[83] 王恩胡,李录堂.中国食品消费结构的演进与农业发展战略.中国农村观察,2007(2):14-25.

[84] 王惠君,王志宏,杜文雯,翟凤英,张兵.1991~2006年中国九省区中老年居民蔬菜水果消费状况的变迁.营养学报,2011(2):143-147.

[85] 王建明,徐振宇,城市年轻人低碳消费意识与行为及其影响因素:杭州市下沙高教园区的调查.未来与发展,2010(6):95.

[86] 王建明.消费者为什么选择循环行为.中国工业经济,

2007, 10 (10): 95 - 102.

[87] 王蕾. 低碳经济背景下大学生的"低碳生活". 职业教育研究, 2010 (1): 143 - 144.

[88] 王梦怡, 姚兆余. 新生代农民工消费行为及其影响因素——基于南京市 783 份调查问卷. 湖南农业大学学报（社会科学版）, 2014 (1): 43 - 48.

[89] 王双龙, 周海华. 家长式领导对个人创新行为的影响机理研究. 软科学, 2013b (12): 53 - 57.

[90] 王双龙, 周海华. 研发团队成员主观规范对个人创新行为的影响——基于团队凝聚力调节效应的跨层次分析. 科技进步与对策, 2013a (6): 139 - 144.

[91] 王双龙. 华人企业的家长式领导对创新行为的作用路径研究. 科研管理, 2015 (7): 105 - 112.

[92] 王松林, 余文刚, 傅国华, 刘国道. 野生蔬菜消费意愿的经济学分析——基于海南消费者的实证研究. 消费经济, 2014 (6): 72 - 77.

[93] 王文超. 消费者对网上银行采用行为态度的影响因素研究——一个基于 TPB 模型的延伸研究. 生产力研究, 2010 (7): 74 - 75 + 79.

[94] 王先裕, 黄元姣, 余丽萍. 日本蔬菜生产和消费需求近况. 中国蔬菜, 2006 (7): 33 - 34.

[95] 王小琴. 蔬菜消费市场的分析研究. 农业技术经济, 1987 (1): 33 - 36.

[96] 王秀丽, 田祯祎. 网民网络购物行为调查. 图书情报工作, 2011 (6): 20 - 23 + 95.

[97] 王旭峰. 健康饮食"十大黄金法则". 家庭医药（快乐养生）, 2014 (4): 20 - 21.

[98] 王原. 欧联盟蔬菜和水果生产与消费特点. 中国食物与营养, 1997 (4): 43.

[99] 吴佩勋,李力. 零售商自有品牌的购买意向因素研究. 中国流通经济,2011 (5):78-82.

[100] 吴佩勋,邱国宣. 中国农村消费者连锁商店消费行为实证研究——以河北为例. 管理世界,2007 (11):168-169.

[101] 吴淑莺,陈瑞和. 计划行为理论应用于网络书店购买行为之研究. 中华管理评论国际学报,2006,9 (4):1-13.

[102] 吴易风. 英国古典经济理论. 商务印书馆,1988.

[103] 武瑞娟,王承璐,杜立婷. 沉没成本、节俭消费观和控制动机对积极消费行为影响效应研究. 南开管理评论,2012 (5):114-128+151.

[104] 熊彼特. 经济发展理论. 商务印书馆,1990.

[105] 徐建中,曲小瑜. 低碳情境下装备制造企业技术创新行为的影响因素分析. 科研管理,2015 (3):29-37.

[106] 徐绪松,陈彦斌. 预防性储蓄模型及其不确定性分解. 数量经济技术经济研究,2003 (2):100-103.

[107] 许丽忠,陈芳,杨净,钟满秀,胡军. 基于计划行为理论的公众环境保护支付意愿动机分析. 福建师范大学学报(自然科学版),2013 (5):87-93.

[108] [英] 坎南编著. 陈福生等译. 亚当·斯密关于法律、警察、岁入及军备的演讲,商务印书馆:1962.

[109] 杨金深. 无公害蔬菜生产投入的成本结构分析. 农业经济问题,2005 (11):18-23.

[110] 杨欧阳,唐熠坤,陈晨. 北京市安全农产品消费者购买行为研究. 经济研究导刊,2009 (20):201-202+213.

[111] 杨月欣,何梅,王光亚,Robertson J.,VanSoest P.,陈君石. 中国农村地区居民蔬菜的纤维含量和摄入状况的研究. 卫生研究,2007 (6):698-702.

[112] 叶德珠,连玉君,黄有光,李东辉. 消费文化、认知偏差与消费行为偏差. 经济研究,2012 (2):80-92.

[113] 叶俊焘, 胡亦俊. 蔬菜批发市场供应商质量安全可追溯体系供给行为研究. 农业技术经济, 2010 (8): 19-27.

[114] 易行健, 王俊海, 易君健. 预防性储蓄动机强度的时序变化与地区差异——基于中国农村居民的实证研究. 经济研究, 2008 (2): 119-131.

[115] 于爱芝, 李锁平. 信息不对称与逆向选择——我国绿色蔬菜质量安全问题的经济学分析. 消费经济, 2007 (3): 70-73.

[116] 俞菊生. 日本最近的蔬菜生产、流通和消费动向. 上海农业科技, 1984 (4): 50.

[117] 袁玉坤, 孙严育, 李崇光. 农产品渠道终端选择的影响因素及选择群体的特征分析——以武汉市居民生鲜农产品消费调查为例. 商业经济与管理, 2006 (1): 46-52.

[118] 臧旭恒, 裴春霞. 转轨时期中国城乡居民消费行为比较研究. 数量经济技术经济研究, 2007 (1): 65-72+91.

[119] 张邦科, 邓胜梁. 我国城乡居民消费函数的理论假说与实证检验. 南京社会科学, 2012 (1): 17-23+47.

[120] 张红涛, 王二平. 态度与行为关系研究现状及发展趋势. 心理科学进展, 2007 (1): 163-168.

[121] 张进美, 刘天翠, 刘武. 基于计划行为理论的公民慈善捐赠行为影响因素分析——以辽宁省数据为例. 软科学, 2011 (8): 71-77.

[122] 张磊, 王娜, 赵爽. 中小城市居民消费行为与鲜活农产品零售终端布局研究——以山东省烟台市蔬菜零售终端为例. 农业经济问题, 2013 (6): 74-81.

[123] 张露, 郭晴. 低碳农产品消费行为: 影响因素与组间差异. 中国人口·资源与环境, 2014 (12): 55-61.

[124] 张峭, 王克. 中国蔬菜消费现状分析与预测. 农业展望, 2006 (10): 28-31.

[125] 张小霞, 于冷. 绿色食品的消费者行为研究——基于上

海市消费者的实证分析. 农业技术经济, 2006 (6): 30 - 35.

[126] 张远, 李新亮. 在网络营销活动中对消费者购买意图产生影响因子的相关研究——以在北京的中国消费者和外国消费者为比较研究对象. 中国市场, 2015 (23): 12 - 14 + 150.

[127] 赵斌, 栾虹, 李新建, 付庆凤. 科技人员创新行为产生机理研究——基于计划行为理论. 科学学研究, 2013 (2): 286 - 297.

[128] 赵红燕, 薛永基. 网络评价影响消费者品牌忠诚的实证研究——主观规范和行为态度的中介效应. 资源开发与市场, 2015 (5): 548 - 553.

[129] 赵晓飞, 杨英. 消费者生鲜农产品购买渠道选择影响因素研究——基于武汉市武昌区的调查. 财贸研究, 2009 (2): 45 - 51.

[130] 钟甫宁, 向晶. 城镇化对粮食需求的影响——基于热量消费视角的分析. 农业技术经济, 2012 (1): 4 - 10.

[131] 钟卫东, 孙大海, 施立华. 创业自我效能感、外部环境支持与初创科技企业绩效的关系——基于孵化器在孵企业的实证研究. 南开管理评论, 2007 (5): 68 - 74 + 88.

[132] 周发明, 杨亦民, 杨婧. 城市居民对生鲜农产品购买地点选择的实证研究——以长沙市消费者为例. 湖南农业大学学报 (社会科学版), 2009 (6): 22 - 29.

[133] 周浩, 龙立荣. 基于自我效能感调节作用的工作不安全感对建言行为的影响研究. 管理学报, 2013 (11): 1604 - 1610.

[134] 周应恒, 霍丽, 彭晓佳. 食品安全: 消费者态度、购买意愿及信息的影响——对南京市超市消费者的调查分析. 中国农村经济, 2004 (11): 53 - 59 + 80.

[135] 朱爱萍, 周应恒. 我国蔬菜市场需求分析. 华中农业大学学报 (社会科学版), 2001 (3): 26 - 31.

[136] 朱信凯. 流动性约束、不确定性与中国农户消费行为分

析. 统计研究, 2005, 22 (2): 38 – 42.

[137] 朱艳娜, 杨军, 乔国通, 张贵生. 基于 ISM 的居民蔬菜消费趋势影响因素分析. 合作经济与科技, 2015 (8): 33 – 34.

[138] 朱裔新. 香港蔬菜的消费生产和贸易概况. 中国蔬菜, 1987 (4): 24 – 27.

[139] Agudo, A., Slimani, N., Ocke, M. C., Naska, A., Miller, A. B., Kroke, A., Bamia, C., Karalis, D., Vineis, P., Palli, D., Bueno – de – Mesquita, H. B., Peeters, P. H., Engeset, D., Hjartaker, A., Navarro, C., Martinez Garcia, C., Wallstrom, P., Zhang, J. X., Welch, A. A., Spencer, E., Stripp, C., Overvad, K., Clavel – Chapelon, F., Casagrande, C. &Riboli, E. Consumption of Vegetables, Fruit and Other Plant Foods in the European Prospective Investigation into Cancer and Nutrition (EPIC) Cohorts from 10 European Countries. Public Health Nutr, 2002 (5): 1179 – 1196.

[140] Ajzen I., Driver B. L. Application of the Theory of Planned Behavior to Leisure Choice. Journal of Leisure Research, 1992, 24 (3): 207 – 224.

[141] Appel J. J., Champagne C. M., Harsha D. W., et al. Effects of Comprehensive Lifestyle Modification on Blood Pressure Control: Main Results of the PREMIER Clinical Trial, *JAMA*. 2003 (289): 2083 – 2093.

[142] Arends Toth J., van de Vijver F J R, Poortinga Y H. The Influence of Method Factors on the Relation between Attitudes and Self – Reported Behaviors in the Assessment of Acculturation. European Journal of Psychological Assessment, 2006, 22 (1): 4 – 12.

[143] Arjun, C. Does Brand Mediate Brand Equity Outcomes. Journal of Marketing Theory and Practice, 1999, 7 (2): 136 – 146.

[144] Armitage, C. J, Conner, M. Attitudinal ambivalence: A

Test of Three Key Hypotheses. Personality and Social Psychology Bulletin, 2000 (26): 1421 –1432.

[145] Arvola A., Vassallo M., Dean M., et al. Predicting Intentions to Purchase Organic Food: the Role of Affective and Moral Attitudes in the Theory of Planned Behaviour. Appetite, 2008, 50 (2): 443 –454.

[146] Bagozzi R. P., Wong N., Abe S., Bergami M. Cultural and Situational Contingencies and the Theory of Reasoned Action: Application to Fast Food Restaurant Consumption. Journal of Consumer Psychology, 2000 (9): 97 –106.

[147] Bagozzi R. P., Ue H. M., VanLoo M. E. Decisions to Donate Bone Marrow: The Role of Attitudes and Subjective Norms across Cultures. Psychology and Health, 2001, (16): 29 –56.

[148] Baker A. H., Wardle J. Sex Differences in Fruit and Vegetable Intake in Older Adults. Appetite, 2003 (40): 269 –275.

[149] Baker, G. A., T. A. Burnham. Consumer Response to Genetically Modified Foods: Market Segment Analysis and Implications for Producers and Policy Makers. Journal of Agricultural and Resource Economics, 2001 (26): 387 –403.

[150] Bandura A. Self-efficacy: Toward a Unifying Theory of Behavioral Change. Psychological Review, 1977, 4 (2): 191 –215.

[151] Bandura A. Self-efficacy: The Exercise of Control. New York: Freeman, 1997: 133 –134.

[152] Baron, R. M., Kenny, D. A. The Moderator-mediation Variable Distinction in Social Psychological Research: Conceptual, Strategic, and Statistical Considerations. Journal of Personality and Social Psychology, 1980, 51 (6): 1173 –1182.

[153] Baron, R. M., Kenny, D. A. The Moderator-mediator Variable Distinction in Social Psychological Research: Conceptual,

Strategic, and Statistical Considerations. Journal of Personality and Social Psychology, 1986 (51): 1173 – 1182.

[154] Battacherjee, A. Acceptance of E – Commerce Services: The Case of Electronic Brokerages. IEEE Transactions on Systems, Man and Cybernetics, 2000 (30): 411 – 420.

[155] Bazzano L. A., He J., Ogden L. G., et al. Fruit and Vegetable Intake and the Risk of Cardiovascular Disease in US Adults: The First National Health And Nutrition Examination Survey Epidemiologic Follow – Up Study. Am J Clin Nutr. 2002 (76): 93 – 99.

[156] Beatty S. E., Ferrell M. E. Impulse buying: Modeling its Precursors. Journal of Retailing, 1998, 74 (2): 169 – 191.

[157] Berkowitz L. A Survey of Social Psychology. 3th ed. /CBS College publishing, 1986: 169 – 173.

[158] Bertola G. L., Guiso, L. Pistaferri. Uncertainty and Consumer Durables Adjustment. Review of Economic Studies, 2005, 72 (4): 973 – 1007.

[159] Betz, N. E., Klein, K. L. &Taylor, K. M. Evaluation of a Short Form of the Career Decision – Making Self – Efficacy Scale. Journal of Career Assessment, 1996, 4 (1): 47 – 57.

[160] Bhattacherjee A. Acceptance of e-Commerce Services: The Case of Electronic Brokerages. IEEE Transactions on Systems, Man, and Cybernetics – TSMC, 2000, 20 (4): 411 – 420.

[161] Biing – Hwan Lin, Jayachandran N., Variyam. Food and Agricultural Commodity Consumption in the United States: Looking Ahead to 2020. AER – 820, USDA/ERS, 2003.

[162] Bisogni, C. A., Connors, M., Devine, C. M. & Sobal, J. Who We Are and How We Eat: A Qualitative Study of Identities in Food Choice. J. Nutr. Educ. Behav, 2002 (34): 128 – 139.

[163] Blanchard Chris M. Do Ethnicity and Gender Matter When

Using the Theory of Planned Behavior to Understand Fruit and Vegetable Consumption?. Appetite, 2009 (52): 15-20.

[164] Blanck H. M., Gillespie C., Kimmons J. E., Seymour J. D., Serdula M. K. Trends in Fruit and Vegetable Consumption among U. S. Men and Women, 1994-2005. Prev Chronic Dis, 2008 (5): A35-A44.

[165] Bock G. W., Kim Y. G. Breaking the Myths of Rewards: An Exploratory Study of Attitudes about Knowledge Sharing. Information Resources Management Journal (IRMJ), 2002, 15 (2): 14-21.

[166] Bogers R. P. Explainning Fruit and Vegetable Consumption the Theory of Planned Behaviour and Misconception of Personal Intake Levels. Appetite, 2004 (42): 157-166.

[167] Browning M., Lusardi A. Household Saving: Micro Theories and Micro Facts. Journal of Economic Literature. 1996, 34 (4): 1797-1855.

[168] Brusso R. C., Orvis K. A., Bauer K. N., et al. Interaction among Self-Efficacy, Goal Orientation, and Unrealistic Goal-Setting on Videogame-Based Training Performance. Military Psychology, 2012, 24 (1): 1-18.

[169] C. E. Lance. Residual Centering, Exploratory and Confirmatory Moderator Analysis and Decomposition of Effects in Path Models Containing Interactions. Psychological Measurement, 1988 (12): 163-175.

[170] Campbell J., Deaton A. Why is Consumption So Smooth. Review of Economic Studies, 1989, 56: 357-374.

[171] Campbell, J. Y., Cochrane, J. H. By Force of Habit: Consumption-based Explanation of Aggregate Stock Market Behavior. Journal of Political Economy, 1999: 205-251.

[172] Carine Vereecken, Alisha Rovner, Lea Maes. Associations of parenting styles, parental feeding practices and child characteristics

with young children's fruit and vegetable consumption. Appetite, 2010 (55): 589 – 596.

[173] Carmeli, A., Schaubroeck, J. The Influence of Leaders and Other Referents Normative Expectation on Individual Involvement Increative Work. The Leadership Quarterly, 2007, 18 (1): 35 – 48.

[174] Christian. J., Armitage, C. J. Attitudes and Intentions of Homeless People towards Service Provision in South Wales. British Journal of Social Psychology, 2002, 41 (2): 219 – 232.

[175] Cialdini R. B., Kallgren C. A., Reno R. R. A Focus Theory of Normative Conduct. Advances in Experimental. Social Psychology, 1991 (24): 201 – 234.

[176] Cialdini, R. B., Reno, R. R., Kallgren, C. A. A Focus Theory of Normative Conduct: Recycling the Concept of Norms to Reduce Littering in Public Places. Journal of Personality and Social Psychology, 1990, 58 (6): 1015 – 1026.

[177] Ciarlone A. Housing Wealth Effect in Emerging Economies. Emerging Markets Review, 2011 (12): 399 – 417.

[178] Cook A. J., Kerr G. N. & Moore K. Attitudes and Intentions towards Purchasing GM Food. Journal of Economic Psychology, 2002, 23 (5): 557 – 572.

[179] David Trafimow, Paschal Sheeran, Mark Conner et al. Evidence that Perceived Behavioural Control is a Multidimensional Construct: Perceived Control and Perceived Difficulty. British Journal of Social Psychology, 2002, 4 (41): 101 – 121.

[180] Deaton A. Saving and Liquidity Constraints. Econometrica, 1991, 59 (5): 1221 – 1248.

[181] Delia Velculescu. Consumption Habits in An Overlapping – Generations Model. Economics Letters, 2011: 127 – 130.

[182] Denise R. Osborn. Seasonality and Habit Persistence in A

Life Cycle Model of Consumption. Journal of Applied Econometrics, 1988: 255-266.

[183] Devine C. M. , Wolfe W. S. , Frongillo E. A. , Bisogni C. A. Life-course Events and Experiences: Association with Fruit and Vegetable Consumption in 3 Ethnic Groups. J Am Diet Assoc 1999, 99 (3): 309-314.

[184] Dhar, T. , Foltz, J. D. Milk by Any Other Name-Consumer Benefits from Labeled Milk. American Journal of Agricultural Economics, 2005 (2): 214-228.

[185] Dholakia, Utpal M. & Bagozzi, Richard P. & Pearo, Lisa Klein. A Social Influence Model of Consumer Participation in Network-and Small-Group-Based Virtual Communities. International Journal of Research in Marketing, 2004, 21 (3): 241-263.

[186] Diez-Roux, A. V. , Nieto, F. J. , Caulfield, L. , Tyroler, H. A. , Watson, R. L. & Szklo, M. Neighbourhood Differences in Diet: the Atherosclerosis Risk in Communities (ARIC) Study. J. Epidemiol. Community Health, 1999 (53): 55-63.

[187] Drewnowski A. , Levine A. S. , Kotz C. M. , Gosnell BA. Energy Density, Palatability, and Satiety: Implications for Weight Control. Nutr Rev, 1998 (56): 347-353.

[188] Duesenberry J. Income, Savings, and the Theory of Consumer Behavior. Harvard University Press, Cambridge, 1949.

[189] Earley, P. Christopher. Self or Group? Effects of Training on Self-Efficacy and Performance. Administrative Science Quarterly, 1994, 39 (1): 89-117.

[190] Eleni Sardianou. Household Energy Conservation Patterns: Evidence from Greece. 2005. http://www.lse.ac.uk/collections/hellenicObservatory/pdf/2ndSymposium-papers-pdf/EleniSardi-anou^paper.pdf.

[191] Engel, Miniard &R. D. Blackwell. Consumer Behavior. Forth Worth: Dryden, 1995.

[192] Engel J. F., Kollat D. T., Blackwell R. D. Consumer Behavior, New York: Holt, Rinehart and Winston, Inc, 1968.

[193] Engelhardt G. House Prices and Home Owner Saving Behavior. Regional Science and Urban Economics, 1996, 26 (3 - 4): 313 - 336.

[194] Estaquio, C., Druesne - Pecollo, N., Latino - Martel, P., Dauchet, L., Hercberg, S. & Bertrais, S. Socioeconomic Differences in Fruit and Vegetable Consumption among Middle - Aged French Adults: Adherence to the 5 A Day Recommendation. J. Am. Diet. Assoc. (2008) 108, 2021 - 2030.

[195] Esteghamati, A., Noshad, S., Nazeri, A., Khalilzadeh, O., Khalili, M. & Nakhjavani, M. Patterns of Fruit and Vegetable Consumption among Iranian Adults: A Surfncd - 2007 Study. Br. J. Nutr., 2012 (108): 177 - 181.

[196] Eunice S. Nago, Roosmarijn Verstraeten, Carl K. Lachat, Romain A. Dossa, Patrick W. Kolsteren. Food Safety Is a Key Determinant of Fruit and Vegetable Consumption in Urban Beninese Adolescents. Journal of Nutrition Education and Behavior, 2011 (56): 1 - 8.

[197] Feng - Yao Lee. Estimation of Dynamic Demand Relations from A Time Series of Family Budget Data. Journal of the American Statistical Association, 1970: 586 - 597.

[198] Fishbein, M., Ajzen I. Attitudes toward Objects as Predictors of Single and Multiple Behavioral Criteria. Psychological Review, 1974 (81): 59 - 74.

[199] Fisher M. Exploration in Saving Behavior. Bulletin of the Oxford University Institute of Economics & Statistics, 1956, 18 (3): 201 - 277.

[200] Fiske S. T. Social Being: A Core Motive Approach to Social psychology. John Wiley &Sons, Int, 2004: 244-249.

[201] Fitzmaurice, J. Incorporating Consumers' Motivations into the Theory of Reasoned Action. Psychology & Marketing, 2005, 22 (11): 911-929.

[202] Flavin M. The Adjustment of Consumption to Changing Expectations about Future Income. The Journal of Political Economy, 1981, 89 (5): 974-1009.

[203] Fousekis P., Revell B. J. Meat Demand in UK: A Differential Approach. Journal of Agricultural and Applied Economics, 2000 (4): 11-19.

[204] Francis J. J., Eccles M. P. & Johnston M., et al. Constructing Questionnaires Based on The Theory Of Planned Behaviour. A Manual for Health Services Researchers, 2004, 20 (10): 2-12.

[205] French, David, P., Sutton, S., Hennings, S. J., et al. The Importance of Affective Beliefs and Attitudes in the Theory of Planned Behavior: Predicting Intention to Increase Physical Activity. Journal of Applied Social Psychology, 2005, 35 (9): 1824-1848.

[206] Friedman M. A Theory of the Consumption Function. Princeton, NJ: Princeton University Press, 1957.

[207] Gao C. M., Tajima K., Kuroishi T., Hirose K., Inoue M. Protective Effects of Raw Vegetables and Fruit against Lung Cancer among Smokers and Ex-Smokers: A Case-Control Study in The Tokai Area of Japan. Jpn J. Cancer Res, 1993 (84): 594-600.

[208] Garretson, J. A., Fisher, D. & Burton, S. Antecedents of Private Label Attitude and National Brand Promotion Attitude: Similarities and Differences. Journal of Retailing, 2002, 11 (78): 91-99.

[209] Garriguet D. Canadian Community Health Survey: Overview

of Canadians' Eating Habits, 2004. http://www.statcan.gc.ca/daily-quotidien/060706/dq06-0706b-eng.htm.

［210］Gerber M., Boutron-Ruault M. C., Hercberg S., Riboli E., Scalbert A., Siess M. H. Food and Cancer: State of the Art about the Protective Effect of Fruits and Vegetables. Cancer Bull. 2002（89）: 293-312.

［211］Glanz, K., Basil, M., Maibach, E., Goldberg, J., Snyder, D. Why Americans Eat What They Do: Taste, Nutrition, Cost, Convenience, and Weight Control Concerns as Influences on Food Consumption. Journal of the American Dietetic Association 1998（98）: 1118-1126.

［212］Gossard H., Richard Y. Social Structural Influences on Meat Consumption. Human Ecology Review, 2003（1）: 1-9.

［213］Greenwald A. G., McGhee, D. E., & Schwartz, J. L. K. Measuring Individual Differences in Implicit Cognition: The Implicit Association Test. Journal of Personality and Social Psychology, 1998（41）: 1464-1480.

［214］Guiso L., Jappelli T., Terlizzese D. Earnings Uncertainty and Precautionary Saving. Journal of Monetary Economics, 1992, 30（2）: 307-337.

［215］Gutman J. A Means-end Chain Model Based on Consumer Categorization Processes. Journal of Marketing, 1982（46）: 60-72.

［216］Hafstrom, J. L., Chae, J. S. & Chung, Y. S. Consumer Decision-Making Styles: Comparison between United States and Korean Young Consumers. Journal of Consumer Affairs, 1992, 26（1）: 146-158.

［217］Hall R. Stochastic Implications of the Life Cycle Permanent Income Hypothesis: Theory and Evidence. The Journal of Political Economy, 1978, 86（6）: 971-987.

[218] Heaton, John. The Interaction between Time-nonseparable Preferences and Time Aggregation. Journal of the Econometric Society, 1993 (61): 353 - 385.

[219] Heckler, S. E. , T. L. Childers, and R Arunachalam. Intergenerational influences in adult buying behaviors: An examination of moderating factors Advances in Consumer Research, 1989 (16): 276 - 284.

[220] Heider F. The Psychology of Interpersonal Relations. New York: John Wiley and Sons, 1958.

[221] Herendeen R. , Ford C. , Hannon B. Energy Cost of Living1972 -1973. Energy, 1981 (6): 1433 -1450.

[222] Hofstede G. Culture's Consequences (2nd edition). Thousand Oaks CA: Sane, 2001.

[223] Howard, John A. , Sheth J. N. The Theory of Buyer Behavior, New York: John Wiley & Sons, Inc. 1969.

[224] Hsiu - Fen Lin. Determinants of Successful Virtual Community: Contributions from System Characteristics and Social Factors. Information and Management, 2008, 4 (8): 522 -527.

[225] Hsu C. L. , Lin J. C. C. Acceptance of blog usage: The Roles of Technology Acceptance, Social Influence and Knowledge Sharing Motivation. Information & Management, 2008, 45 (1): 65 -74.

[226] Hunk Shin - Yuan, Ku Cheng - Yuan, Chant Chia - Mini. Critical Factors of WAP Services Adoption: An Empirical Study. Electronic Commerce Research and Applications, 2003, 2 (1): 42 -60.

[227] Icek Ajzen, Thomas J. Madden. Prediction of Goal-directed-Behavior: Attitudes, Intentions, and Perceived Behavioral Control. Journal of experimental social psychology, 1986 (22): 453 -474.

[228] Icek Ajzen. The Theory of Planned Behavior. Organizational Behavior and Human Decision Processes, 1991, 4 (50): 179 -211.

[229] Israr Qureshi, Deborah Compeau. Assessing Between-Group Differences in Information Systems Research: A Comparison of Covariance-and Component-Based SEM. MIS Quarterly, 2009 (33): 197-214.

[230] J. F. Engel, R. D. Blackwell, P. W. Miniard. Consumer Behavior. Orlando Florida, Dryden Press, 1993.

[231] James J. Annesi. Relationship of Initial Self-Regulatory Ability with Changes in Self-Regulation and Associated Fruit and Vegetable Consumption in Severely Obese Women Initiating an Exercise and Nutrition Treatment: Moderation of Mood and Self-Efficacy. Journal of Sports Science and Medicine, 2011 (10): 643-648.

[232] Jana Richert, Tabea Reuter, Amelie U. Wiedemann, Sonia Lippke, Jochen Ziegelmann, Ralf Schwarzer. Differential Effects of Planning and Self-Efficacy on Fruit and Vegetable Consumption. Appetite 2010 (54): 611-614.

[233] Jappelli, Pagano. Savings, Growth and Liquidity Constraints. Quarterly Journal of Economics, 1994 (109): 83-109.

[234] Jawahar I. M. Self-efficacy and Political Skill as Comparative Predicators of Task and Contextual Performance: A Two-Study Constructive Replication. Human Performance, 2008 (21): 138-157.

[235] Jennifer B. McClure, George Divine, Gwen Alexander, Dennis Tolsma, Sharon J. Rolnick, Melanie Stopponi, Julie Richards, Christine C. Johnson. A Comparison of Smokers' and Nonsmokers' Fruit and vegetable Intake and Relevant Psychosocial Factors. Behavioral Medicine, 2009 (35): 14-22.

[236] Jessie A. Satia, Alan R. Kristal, Ruth E. Patterson, Marian L. Neuhouser, and Elyse Trudeau. Psychosocial Factors and Dietary Habits Associated With Vegetable Consumption. Nutrition, 2002 (18): 247-254.

[237] Jessie A. Satia, et al. Psychosocial Factors and Dietary Habits Associated With Vegetable Consumption. Nutrition, 2002 (18): 247 - 254.

[238] Jimmieson, Nerina L. Employee Reactions to Behavioural Control under Conditions of Stress. Work & Stress: the mediating role of self-efficacy, 2000, 14 (3): 262 - 280.

[239] Johansson, L., Andersen, L. F. Who Eats 5 A Day?: Intake of Fruits and Vegetables among Norwegians in Relation to Gender and Lifestyle. J. Am. Diet. Assoc, 1998 (98): 689 - 691.

[240] Jones E., Mustiful B. Purchasing Behaviour of Higher and Lower Income Shoppers: A Look at Breakfast Cereals. Applied Economics, 1996, 28 (1): 131 - 137.

[241] Judge, T. A., Jackson, C. L. and Shaw, J. C., et al. Self-efficacy and Work - Related Performance: The Integral Role of Individual Differences. Journal of Applied Psychology, 2007, 92 (1): 107 - 127.

[242] Justin N. Hall, John W. Lynch, Spencer Moore, Harper. Global Variability in Fruit and Vegetable Consumption. American Journal of Preventive Medicine, 2009, 36 (5): 402 - 409.

[243] Katona G. Psychological Analysis of Economic Behavior. New York: McGraw - Hill, 1951.

[244] Kim S., Littrell M. A. Souvenir Buying Intentions for Self versus Others. Annals of Tourism Research, 2001, 28 (3): 638 - 657.

[245] Kirkman, B. L., Rosen, B., Tesluk, P. E. & Gibson, C. B. The Impact of Team Empowerment on Virtual Team Performance: The Moderating Role of Face - To - Face Interaction. Academy of Management Journal, 2004 (42): 273 - 287.

[246] Kolter, P. G. Armstrong. Principle of Marketing. 9th Edi-

tion, New Jersey: Prentice Hall, 2001

[247] Kratt P., Reynolds K., Shewchuk R. The Role of Availability as a Moderator of Family Fruit and Vegetable Consumption. Health Educ Behav, 2000 (27): 471 –482.

[248] Krebs – Smith S. M., Heimendinger J., Patterson B. H., Subar A. F., Kesler R., Pivonka E. Psychosocial Factors Associated with Fruit and Vegetable Consumption. Am J Health Pronrotion, 1995, 10 (2): 98 – 104.

[249] Kresic G., Herceg Z., Lelas V. and Jambrak A. R. Consumers' Behaviour and Motives for Selection of Dairy Beverage in Kvarner Region: A Pilot Study. Mijekarstvo, 2010, 60 (1): 50 –58.

[250] La Piere R. T. Attitudes vs. Actions. Social Forces. 1934 (13): 230 –237.

[251] Lakatos, I.. Science and Pseudoscience. In J. Worrall and G. Currie (Eds.), Philosophical Papers Volume 1: The Methodology of Scientific Research Programmes. Cambridge University Press, 1978: 1 –7.

[252] Lam T., Cho V., Qu H. A Study of Hotel Employee Behavioral Intentions towards Adoption of Information Technology. International Journal of Hospitality Management, 2007, 26 (1): 49 –65.

[253] Landine, Jeffrey, Stewart, John. Relationship between Metacognition, Motivation, Locus of Control, Self – Efficacy, and Academic Achievement. Canadian Journal of Counselling, 1998, 32 (3): 200 –212.

[254] Lee J., Brown M. Food Expenditures at Home and Away from Home in the United States: A Switching Regression Analysis. Review of Economics and Statistics, 1986, 68 (1): 42 –47.

[255] Lee S. Consumers' Value, Environmental Consciousness, and Willingness to Pay More toward Green – Apparel Products. Journal of

Global Fashion Marketing, 2011, 2 (3): 161-69.

[256] Lehnart A. Housing, Consumption, and Credit Constraints. Federal Reserve Board in its series Finance and Economics Discussion Series No. 63, 2004.

[257] Leigh, James H., Menon, Anil. Audience Involvement Effects on The Information Processing of Umbrella Print Advertisements. Journal of Advertising, 1987, 16 (3): 3-13.

[258] Leonard. R. L., Wadsworth J. J. Consumer Preference: A Guide to Connecticut Apple Marketing. Research Report, Food Marketing Policy Center, Department of Agricultural Economics & Rural Sociology, University of Connecticut, 1989.

[259] LePine J. A., Podsakoff N. P., & LePine M. A. A Meta-Analytic Test of the Challenge Stressor – Hindrance Stressor Framework an Explanation for Inconsistent Relationships among Stressors and Performance. Academy of Management Journal, 2005, 48 (5): 764-775.

[260] Levin L. Are Assets Fungible? Testing the Behavioral Theory of Life – Cycle Savings. Journal of Economic Behavior & Organization, 1998, 36 (1): 59-83.

[261] Liao Z., Landry Jr R. An Empirical Study on Organizational Acceptance of New Information Systems in a Commercial Bank Environment. //System Sciences, 2000. Proceedings of the 33rd Annual Hawaii International Conference on. IEEE, 2000: 7.

[262] Lin Hsiu – Fen. Predicting Consumer Intentions to Shop Online: An Empirical Test of Competing Theories. Electronic Commerce Research and Applications, 2007, 6 (4): 433-442.

[263] Linda K. Ko, Marlyn Allicok, Marci K. Campbell, Carmina G. Valle, Janelle Armstrong – Brown, Carol Carr, Margaret Dundon, Tammy Anthony. An Examination of Sociodemographic, Health,

Psychological Factors, and Fruit and Vegetable Consumption among Overweight and Obese U. S. Veterans. Military Medicine, 2011 1 (76): 1281 - 1286.

[264] Little B. I. , Madigan R. M. The Relationship between Collective Efficacy and Performance in Manufacturing Work Teams. Small Group Research, 1997, 28 (4): 517 - 534.

[265] Locke, E. A. , Frederick, E. , Lee, C. , Bobko, P. Effect of Self-efficacy, Goals and Task Strategies on Task Performance. Journal of Applied Psychology, 1984, 69 (22): 241 - 251.

[266] M. Dehghan, N. Akhtar - Danesh & A. T. Merchant. Factors Associated with Fruit and Vegetable Consumption among Adults. Journal of Human Nutrition and Dietetics, 2010 (24): 128 - 134.

[267] MacKinnon, D. P. , Luecken, L. J. How and for whom? Mediation and Moderation in Health Psychology. Health Psychology, 2008 (27): 99 - 100.

[268] Maddux, James E. Self - Efficacy Expectancy and Outcome Expectancy: Their Relationship and Their Effects on Behavioral Intentions. Behavioral Science Research, 1980 (6): ED193543.

[269] Manfred Lenzen, Mette Wier, Claude Cohen, Hitoshi Hayami, Shonali Pachauri, Roberto Schaeffer. A Comparative Multivariate Analysis of Household Energy Requirements in Australia, Brazil, Denmark, India and Japan. Energy, 2006 (31): 181 - 207.

[270] Mata, J. , Todd, P. M. & Lippke, S. When Diets Last: Lower Rule Complexity Increases Diet Adherence. Appetite, 2010, 54 (1), 37 - 43.

[271] Mathieson K. Predicting User Intentions: Comparing the Technology Acceptance Model with the Theory of Planned Behavior. Information Systems Research, 1991, 2 (3): 173 - 191.

[272] McDonald T. , Siegall M. The Effects of Technological Self -

Efficacy and Job Focus On Job Performance, Attitudes, and Withdrawal Behaviors. The Journal of Psychology, 1992, 126 (5): 465 – 475.

[273] McPhillips J. B., Eaton C. B., Gans K. M., et al. Dietary Differences in Smokers and Nonsmokers from Two Southeastern New England Communities. J Am Diet Assoc, 1994 (94): 287 – 292.

[274] Mehra R., Prescott E. The Equity Risk Premium in Retrospect. In G. Constantinides, M. Harris and R. Stulz (EDS), Handbook of the Economics of Finance. Amsterdam: North – Holland, 2003.

[275] Melnyk, V., S. M. J. Van Osselaer, et al. Are Women More Loyal Customers Than Men? Gender Differences in Loyalty to Firms and Individual Service Providers. Journal of Marketing, 2009, 73 (4): 82 – 96.

[276] Meng – Hsiang Hsu, Chia – Hui Yen, Chao – Min Chiu, Chun – Ming Chang. A Longitudinal Investigation of Continued Online Shopping Behavior: An Extension of the Theory of Planned Behavior. Int. J. Human – Computer Studies, 2006 (64): 889 – 904.

[277] Merih Aydinalp, V. Ismet Ugursal, Alan S. Fung. Modeling of The Space and Domestic Hot – Water Heating Energy – Consumption in the Residential Sector Using Neural Networks. Applied Energy, 2004 (79): 159 – 178.

[278] Messina M., Lampe J. W., Birt D. F., et al. Reductionism and the Narrowing Nutrition Perspective: Time for Reevaluation and Emphasis on Food Synergy. J Am Diet Assoc. 2001 (101): 1416 – 1419.

[279] Millen B. E., Quatromoni P. A., Nam B. H., et al. Dietary Patterns, Smoking, and Subclinical Heart Disease in Women: Opportunities for Primary Prevention from the Framingham Nutrition Studies. J Am Diet Assoc, 2004 (104): 208 – 214.

[280] Modigliani F., Cao S. The Chinese Saving Puzzle and the

Life – Cycle Hypothesis. Journal of Economic Literature, 2004, 42 (1): 145 – 170.

[281] Moore Shay E. S. , B. M. Berchmans. The Role of the Family Environment in The Development of Shared Consumption Values: An Intergenerational Study. Advances in Consumer Research, 1996 (23): 484 – 4901.

[282] Moschis, G. P. , Churchill, J. R. , G. A. Consumer Socialization: A Theoretical and Empirical Analysis. Journal of Marketing Research, 1978, 15 (4): 599 – 609.

[283] Musgrave A. Unreal assumption in economic theory: The F-twist Untwisted. Kyklos, 1981 (34): 377 – 387.

[284] Myeong-gu S. , Remus I. The Role of Self – Efficacy, Goal, and Affect in Dynamic Motivational Self – Regulation. Organizational Behavior and Human Decision Processes, 2009 (109): 120 – 133.

[285] Nepal V. P. , Mgbere O. , Banerjee D, Arafat RR. Disparities in Fruits and Vegetables Consumption in Houston, Texas: Implications for Health Promotion. Journal of Primary Care & Community Health 2011, 2 (3): 142 – 147.

[286] Neumark – Sztainer D. , Story M. , Perry C. , et al. Factors Influencing Food Choices of Adolescents: Findings from Focus – Group Discussions with Adolescents. J Am Diet Assoc, 1999 (99): 929 – 934.

[287] Neumark – Sztainer D. , Wall M. , Perry C. , Story M. Correlates of Fruit and Vegetable Intake among Adolescents. Prev Med, 2003 (37): 198 – 208.

[288] Nishino H. , Tokuda H. , Satomi Y. , et al. Cancer Chemoprevention by Phytochemicals and Their Related Compounds. Asian Pac J. Cancer Prev. 2000 (1): 49 – 55.

[289] Nicosia F. M. Consumer Decision Process, Marketing and Advertising Implication. New Jersey: Prentice Hall, 1968.

[290] Noel Blisard, Hayden Stewart. Low – Income Households' Expenditures on Fruits and Vegetables, AER –833, USDA/ERS, 2004.

[291] Okun. Yi. A., Karoly, P., Lutz, R. Clarifying the Contribution of Subjective Norm to Predicting Leisure – Time Exercise. American Journal of Health Behavior, 2002. 26 (4): 296 –305.

[292] Oliveira B., Maia C. Lopes. Determinants of Inadequate Fruit and Vegetable Consumption amongst Portuguese Adults. Journal of Human Nutrition and Dietetics, 2013 (5): 194 –203.

[293] Osler M. The Food Intake of Smokers and Nonsmokers: The Role of Partner's Smoking Behavior. Prev Med, 1998 (27): 438 –443.

[294] P. T. Ashton, R. B. Webb. Making a Difference: Teachers' Sense of Efficacy and Student Achievement. New York: Longman, 1986: 453 –457.

[295] Park H. S. Relationships Among Attitude and Subjective Norms: Testing the Theory of Reasoned Action Across Cultures. Communication Studies, 2000, 51 (2): 162 –175.

[296] Parker, S. K., Axtell, C. M., Turner, N. Designing a safer workplace: Importance of Job Autonomy Communication Quality, and Supportive Supervisors. Journal of Occupational Health Psychology, 2001 (6): 211 –228.

[297] Patrice Bertail, France Caillavet. Fruit and Vegetable Consumption Patterns: a Segmentation Approach. American Journal of Agricultural Economics, 2008, 90 (3): 827 –842.

[298] Patrizio Pagano. Habit Persistence and the Marginal Propensity to Consume in Japan. Journal of the Japanese and International Economics, 2004: 316 –329.

[299] Patterson B., Block G. Fruit and Vegetable Consumption:

National Survey Data. In: Bendick E., Butterworth C., eds. Micronutrients in Health and the Prevention of Disease. NY: Marcel Dekker; 1991: 409 – 436.

[300] Pavlou P. A., Fygenson M. Understanding and Predicting Electronic Commerce Adoption: An Extension of The Theory of Planned Behavior. MIS quarterly, 2006, 6 (301): 115 – 143.

[301] Pedersen E. R., Neergaard P. Caveat Emptor – Let the Buyer Beware! Environmental Labelling and the Limitations of 'Green' Consumerism. Business Strategy and the Environment, 2006, 15 (1): 15 – 29.

[302] Pedersen P. E. Instrumentality Challenged: The Adoption of a Mobile Parking Service//Mobile Communications. Springer London, 2005: 873 – 388.

[303] Perez C. E. Fruit and Vegetable Consumption. Health Rep, 2002 (13): 23 – 31.

[304] Perugini, M., Bagozzi, R. P. The Role of Desires and Anticipated Emotions in Goal – Directed Behaviours. British Journal of Social Psychology, 2001 (40): 79 – 98.

[305] Pinstrup – Andersen P., Caicedo E. The Potential Impact of Changes in Income Distribution on Food Demand and Human Nutrition. American Journal of Agricultural Economics, 1978, 60 (3): 402 – 415.

[306] Pollard, J., Greenwood, D., Kirk, S. & Cade, J. Lifestyle Factors Affecting Fruit and Vegetable Consumption in the UK Women's Cohort Study. Appetite, 2001 (37): 71 – 79.

[307] Pringle, B. E., Lyons, J. E., & Booker, K. C. Perceptions of Teacher Expectations by African American High School Student. The Journal of Negro Education, 2010 (79): 33 – 40.

[308] Puri R. Measuring and Modifying Consumer Impulsiveness: A Cost – Benefit Accessibility Framework. Journal of Consumer Psychol-

ogy, 1996, 5 (2): 87 -113.

[309] Rae, J. Statement of Some New Principles on the Subject of Political Economy. Reissued, New York, Augustus M. Kelly, 1964.

[310] Ramajo J. , A. Garcia, M. Ferre. Explaining Aggregate Private Saving Behaviour: New Evidence from A Panel of OECD Countries. Applied Financial Economics Letters, 2006 (215): 311 -315.

[311] Rasmussen M. , Krolner R. , Klepp K. I. , Lytle L. , Brug J. , Bere E. , et al. Determinants of Fruit and Vegetable Consumption among Children and Adolescents: A Review of the Literature. Part I: Quantitative Studies. Int J. Behav Nutr Phys Act, 2006 (3): 18 - 22.

[312] Ricciuto L. , Tarasuk V. , Yatchew A. Socio-demographic Influences on Food Purchasing among Canadian Households. Eur J Clin Nutr, 2006 (60): 778 -790.

[313] Richard Blundell, Ian Preston. Consumption Inequality and Income Uncertainty. The Quarterly Journal of Economics, 2005, 113 (2): 106 - 112.

[314] Riediger N. D. , Moghadasian M. H. Patterns of Fruit and Vegetable Consumption and the Influence of Sex, Age and Socio-Demographic Factors among Canadian Elderly. J Am Coll Nutr, 2008, 27 (2): 306 -313.

[315] Robertson I. T. , Sadri G. Managerial Self - Efficacy and Managerial Performance. British Journal of Management, 1993, 4 (1): 37 -45.

[316] Rokeach M. The Nature of Human Values. NY: Free Press, 1973.

[317] Rook D. The Buying Impulse. Journal of Consumer Research, 1987, 14 (2): 189 -199.

[318] Ryan R. M. , Deci E. l. Intrinsic and Extrinsic Motivations:

Classic Definitions and New Directions. Contemporary Educational Psychology, 2000, 25 (1): 54 -67.

[319] Schiffman, L. G. , Lazar, K. L. Consumer Behavior. Upper Saddle River, N. J. : Prentice Hall Inc, 2000.

[320] Schlegelmich, Bodo B. etc. The Link between Green Purchasing Decisions and Measures of Environmental Consciousness. European Journal of Marketing, 1996 (5): 35 -55.

[321] Schwartz, S. H. Are There Universal Aspects in the Content and Structure of Values? . Journal of Social Issues, 1994 (50): 19 -45.

[322] Schwarzer, R. , Babler, J. , Kwiatek, P. , Schroder, K. , & Zhang, J. X. The Assessment of Optimistic Self - Beliefs: Comparison of the German, Spanish, and Chinese Version of the General Self - Efficacy Scale. Aplied Psychology: International Review, 1997 (46): 69 -88.

[323] Schwarzer, R. , Luszczynska, A. , Ziegelmann, J. P. , Scholz, U. , & Lippke, S. Social-cognitive Predictors of Physical Exercise Adherence: Three Longitudinal Studies in Rehabilitation. Health Psychology, 2008 (27): 854 -863.

[324] Sengupta J. , Zhou R. R. Understanding Impulsives' Choice Behaviors: The Motivational Influences of Regulatory Focus. Journal of Marketing Research, 2007, 44 (2): 297 -308.

[325] Serdula M. K. , Gillespie C. , Kettel - Khan L. , Farris R. , Seymour J. , Denny C. Trends in Fruit and Vegetable Consumption among Adults in the United States: Behavioral Risk Factor Surveillance System, 1994 -2000. Am J. Public Health, 2004 (94): 1014 -1018.

[326] Shennan S. J. , Rose J. S. , Koch K. , et al. Implicit and Explicit Attitudes toward Cigarette Smoking: the Effects of Context and Motivation. Journal of Social and Clinical Psychology, 2003, 22 (1):

13 -40.

[327] Shiv B. , Fedorikhin A. Heart and Mind in Conflict: The Interplay of Affect And Cognition In Consumer Decision Making. Journal of Consumer Research, 1999, 26 (3): 278 -292.

[328] Sinai T. , Souleles N. S. Owner Occupied Housing as a Hedge against Risk. Quarterly Journal of Economics, 2005, 120 (2): 763 -789.

[329] Sing N. Exploring Socially Responsible Behaviour of Indian Consumers: An Empirical Investigation. Social Responsibility Journal, 2009 (2): 200 -211.

[330] Skitka L. J. , Bauman C. W. & Mullen, E. Political tolerance and coming to psychological closure following the September 11, 2001, terrorist attacks: An integrative approach. Personality and Social Psychology Bulletin, 2004 (30): 743 -756.

[331] Sniehotta, F. F. , Scholz, U. , Schwarzer, R. Bridging the Intention - Behavior Gap: Planning, Self - Efficacy and Action Control in The Adoption and Maintenance of Physical Exercise. Psychology and Health, 2005 (20): 143 -160.

[332] Song Jaeki, Zahedi, Fatemeh. A Theoretical Approach to Web Design in E - Commerce: A Belief Reinforcement Model. Management Science, 2005, 51 (8): 1219 -1235.

[333] Solomon M. R. Consumer Behavior, Buying, Having and Being. NewYork: Prentice Hall, 2000.

[334] Sorensen G. , Stoddard A. , Macario E. Social Support and Readiness to Make Dietary Changes. Health Educ Behav. 1998 (25): 586 -598.

[335] Sparrow P. , Gaston K. Generic climate maps: A Strategic Application of Climate Survey Data. Journal of Organizational Behavior, 1996 (17): 679 -698.

[336] Stern H. The Significance of Impulse Buying Today. Journal of Marketing, 1962, 26 (2): 59 -62.

[337] Sunday Azagba and Mesbah F. Sharaf. Disparities in the Frequency of Fruit and Vegetable Consumption by Socio – Demographic and Lifestyle Characteristics in Canada. Nutrition Journal, 2011 (70): 1 -8.

[338] Tarasuk V., Fitzpatrick S. & Ward, H. Nutrition Inequities in Canada. Appl. Physiol. Nutr. Metab, 2010 (35): 172 -179.

[339] Taylor S., Todd P. A. Understanding Information Technology Usage: A Test of Competing Models. Information System Research, 1995, 6 (2): 144 -147.

[340] Thomas S. stock. Simple Tests of Distribution Effects on Macroeconomic Equation s. Journal of Political Economy, 1986 (4): 863.

[341] Thompson R. L., Margetts B. M., Speller V. M., McVey D. The Health Education Authority's Health and Lifestyle Survey 1993: Who Are The Low Fruit and Vegetable Consumers? . Br Med J, 1999 (53): 294 -299.

[342] Tierney P., Farmer S. Creative self-efficacy: Its Potential Antecedents and Relationship to Creative Performance. Academy of Management review, 2002 (45): 1137 -1148.

[343] Tobin, J., W. C. Brainard. Pitfalls in Financial Model Building. American Economic Review, Paper and Proceedings, 1968 (58): 99 -122.

[344] Torben Hansen, Jan Moiler Jensen & Hans Stubbe Solgarrd. Predicting Online Grocery Buying: A Comparison of the Theory of Reasoned Action and the Theory of Behavior. International Journal of Information Management, 2004 (24): 539 -550.

[345] Trouilloud, D., Sarrazin, P. G., Bressoux, P., & Bois, J. Relation between Teachers' Early Expectations and Students' Later Per-

ceived Competence in Physical education Classes: Autonomy – Supportive Climate as A Moderator. Journal of Educational Psychology, 2006 (98): 75 – 86.

[346] Turan A. H. Internet Shopping Behavior of Turkish Customers: Comparison of Two Competing Models. Journal of Theoretical and Applied Electronic Commerce Research, 2012, 7 (1): 77 – 93.

[347] Upmeyer A., Six B., et al. Attitudes and Behavioral Decisions, New York: Springer – Verlag Inc, 1989.

[348] V. Venkatesh, M. G. Morris, G. B. Davis, and, F. D. Davis. User Acceptance of Information Technology: Toward A Unified View. MIS Quarterly, 2003 (27): 425 – 478.

[349] Van liere K. D., Dunlap R. E. The Socially Bases of Environmental Concern: A Review of Hypotheses, Explanations and Empirical Evidence. Public Opinion Quarterly, 1980 (44): 181 – 199.

[350] Venkatesh, V., Davis F. D. A Theoretical Extension of the Technology Acceptance Model: For Longitudinal Field Studies. Management Science, 2000, 46 (2): 186 – 204.

[351] Vermeir I., Verbeke W. Sustainable Food Consumption among Young Adults in Belgium: Theory of Planned Behaviour and the Role of Confidence and Values. Ecological Economics, 2008, 64 (3): 542 – 553.

[352] Vinokur A., R. D. Caplan. Attitudes and Social Support: Determinants of Job – Seeking Behavior and Well – Being among the Unemployed. Journal of Applied Social Psychology, 1987, 17 (12): 1007 – 1024.

[353] Wang, C. L., Lin, X. H. Migration of Chinese Consumption Values: Traditions, Modernization, Cultural Renaissance. Journal of Business Ethics, 2009, 88 (Supplement 3): 399 – 409.

[354] Warshaw, P. R., Davis, F. D. Disentangling Behavioral

Intention and Behavioral Expectation. Journal of Experimental Social Psychology, 1985 (21): 3 – 22.

[355] Webster F. E.. Determining the Characteristics of the Socially Conscious Consumer. Journal of Consumer Research, 1975 (2): 188 – 196.

[356] Weinstein, R. S.. Perceptions of Classroom Processes and Student Motivation: Children's Views of Self – Fulfilling Prophecies. In Ames, C., Ames, R. Research on Motivation in Education, Vol. 3: Goals and Cognitions. San Diego: Academic Press, Inc, 1989: 187 – 221.

[357] Wei – Tao Tai. Effects of Training Framing, General Self – Efficacy and Training Motivation on Trainees' Training Effectiveness. Personnel Review, 2006, 35 (1): 51 – 65.

[358] Wesley R., Joseph R. Sharkey. Rural and Urban Differences in the Associations between Characteristics of the Community Food Environment and Fruit and Vegetable Intake. Journal of Nutrition Education and Behavior, 2011, 43 (6): 426 – 433.

[359] Westenhoefer, J. Age and Gender Dependent Profile of Food Choice. Forum Nutr, 2005 (57): 44 – 51.

[360] Wicker, A. k. Attitudes versus Actions: The Relationship of Verbal and Overt Behavioral Responses to Attitudes Objects. Journal of Social Issues, 1969.

[361] Wilson D. T., Mathews H. L., Harvey J. W. An Empirical Test of the Fish Be in Behavioral Intention Model. Journal of Consumer Research, 1968 (1): 39 – 48.

[362] Xie, J. L, Schaubroeck, J, & Lam, S. S. K. Theories of Job Stress and the Role of Traditional Values: A Longitudinal Study in China. Journal of Applied Psychology, 2008 (93): 831 – 848.

[363] Yu J., Ha I., Choi M., et al. Extending the TAM for a

T – commerce. Information & Management, 2005, 42 (7): 965 – 976.

[364] Zanoli Raffaele, Gambelli Danilo, Vairo Daniela. Scenarios of the Organic Food Market in Europe. Food Policy, 2012 (37): 41 – 57.

[365] Zanoli, R. The European Consumer and Organic Food. Organic Marketing Initiatives and Rural Development. Agribusiness, 2004 (4): 135 – 146.

[366] Zarantonello L., Schmitt B. H. Using the Brand Experience Scale to Profile Consumers and Predict Consumer Behaviour. Journal of Brand Management, 2010, 17 (7): 532 – 540.

[367] Zeldes S. Consumption and Liquidity Constraints: An Empirical Investigation. Journal of Political Economy, 1989, 97 (2): 305 – 346.

致　　谢

　　回首过去的四年，感慨万千。犹记得拿到华中农业大学博士研究生录取通知书时的喜悦和兴奋，犹记得初见本人的导师李崇光教授时的紧张和惶恐，犹记得专业课堂上的认真和刻苦，犹记得博士论文开题和撰写的忙碌和充实。这些场景就像是在昨天，而本人也将从华中农业大学毕业，此时此刻，除了感谢，本人不知道还能说些什么。

　　首先要感谢的是本人的博士生导师李崇光教授。作为在职博士研究生，李老师没有放松对本人的要求，不仅关心本人的学习，还非常关心本人的工作，本人的博士论文也是在李老师的关怀和悉心指导下完成的，大到论文的选题、基本结构的构建、论文的创新点等关键性问题的解决，小到标点符号，字里行间都凝聚了李老师的心血和汗水，每每回想起李老师为我付出的时间和精力，总让我觉得汗颜。

　　李崇光教授学识渊博，治学严谨，做事认真负责，一丝不苟；做人坦坦荡荡，宽宏大量。他对于科学研究不拘一格的思路，对于理论前沿高瞻远瞩的视野，对待学生无私奉献的关爱，对待生活乐观豁达的态度，都将是本人未来学习、工作和生活要努力追求的目标，也将是我受用一生的财富。在此向本人最敬爱的李老师表示最衷心的感谢和最诚挚的敬意，祝李老师身体健康、万事如意。

　　在本人在职攻读博士学位期间，华农经管学院的许多老师和同学都给了本人很多无私的帮助，没有他们的热心支持与帮助，就不会有本书的顺利完成，在此一并感谢，希望他们事业有成、身体健康、生活幸福美满。

• 致　谢 •

　　最后，还要特别感谢我的父母以及妻儿、同事和朋友，是他们排解了我在博士论文写作过程中遇到的困难，也是他们在背后一直默默地支持我，在此表达我最真挚的感激之情。

陈金波

二〇一六年十二月